CÓMO FORMAR
UNA BANDA DE ROCK

Redbook

Aina Ramis

CÓMO FORMAR
UNA BANDA DE ROCK

y conseguir que funcione

MA
NON
TROPPO

© 2020, Aina Ramis Plomer

© 2020, Redbook Ediciones, s. l., Barcelona.

Diseño de cubierta: Regina Richling
Diseño de interior: Amanda Martínez

Fotografías interiores: Aina Ramis
Ilustraciones interiores: Maria Llauradó
Fotografía de cubierta: Shutterstock

ISBN: 978-84-121366-7-8
Depósito legal: B-5.637-2020

Impreso por Sagrafic, Pasaje Carsi 6, 08025 Barcelona
Impreso en España - *Printed in Spain*

ÍNDICE

1

INTRODUCCIÓN

LOS PRIMEROS PASOS

Cómo transformar tu pasión por la música rock en un proyecto realizable

⮩ La música rock ha conseguido enamorar una generación tras otra. Subirse a un escenario y tocar este estilo musical ha sido desde hace décadas el sueño de miles de jóvenes y no tan jóvenes. ¡Hora de empezar nuestro viaje en la senda del rock!

El rock es un estilo de música hijo de otros géneros que lo precedieron, como el blues o el *country*, capaz de mover masas. Este hecho no es ningún misterio y tampoco es de extrañar. Es un estilo tan versátil que tanto puede levantarte de la silla como hacerte llorar. Es el padre, además, de muchos otros estilos de música ahora novedosos, y sin él, seguramente, la historia de la humanidad no hubiera sido la que es. Por lo que sabemos, el rock no es tan solo música, se trata también de una actitud, una marca de una generación entera que se rebeló contra el orden preestablecido para decir basta, desmadrarse, perder la vergüenza y poner en común sentimientos personales que, en realidad, siempre fueron colectivos. El rock ha creado monstruos tales como el camaleónico **David Bowie**, la incontestable **Tina Turner** o dos de los mejores grupos de la historia: **Pink Floyd** y **Led Zeppelin**, ambos inigualables. Y con ellos, muchos otros artistas que no mencionaremos porque este libro se nos quedaría corto.

El rock despierta emociones. Eso nos ha quedado claro y además tú ya lo sabes. Ya lo has experimentado, conoces de qué manera se te puede erizar la piel o sentirte capaz de todo con una sola canción. Llegar a tocar una canción compuesta por uno mismo delante de otras personas o una versión de otro artista es uno de los mayores placeres que un músico puede experimentar. Subirse al escenario por primera vez genera un estrés y una adrenalina incomparables, es algo que no se ha sentido antes. Es el vértigo de vernos juzgados por la calidad de nuestro arte, juzgados por lo que compartimos, juzgados por regalar una parte de nosotros. Y eso es uno de los actos más bonitos que existen, porque se es vulnerable delante de los demás. En ese momento, estamos desnudos. El músico que se sube a un escenario regala una parte de sí mismo, la comparte con la audiencia y espera, expectante, a que le llegue la recompensa: esa sensación de conectar con algo que le hace salir de su cuerpo. Es un momento precioso, pletórico, un tobogán de sensaciones indescriptibles con el que se puede tocar el cielo.

Subirse a un escenario va a ser el objetivo principal de este manual. Sentir este torrente de emociones va a ser la meta final, más allá del éxito que cosechemos antes o después con el grupo, ya que el éxito como tal es subjetivo, se puede medir de muchas formas. ¿Qué sentido tendría vender muchas maquetas si nuestra música no nos llena? ¿Cómo soportaríamos tocar sobre el escenario una canción con la que no disfrutamos? ¿Cómo podríamos tocarla si ni siquiera nosotros creemos en ella? Por eso, el objetivo del manual que tienes entre tus manos va a ser conseguir una familia cohesionada, un grupo de música que disfrute, con pasión, con ganas, y delante de los demás. Vamos a buscar integrantes que se quieran involucrar en un proyecto serio y quieran escalar con nosotros el abrupto camino del compromiso y el esfuerzo, todo ello disfrutando como solo los músicos pueden hacerlo. Cuando hayamos encontrado nuestra familia vamos a establecer una serie de prioridades y objetivos en común, vamos a pasarlo bien y vamos a hacer música de manera cohesionada, que se entienda. Y sobre todo, música con la que podamos disfrutar cuando la toquemos, tanto para nosotros como para los demás.

⮞ Subirse a un escenario va a ser el objetivo principal de este manual, no «alcanzar el éxito», porque esto siempre es subjetivo. Perseguiremos la meta que todo músico debería alcanzar al menos una vez en su vida: tocar en directo.

A medida que pases las páginas de este manual aprenderás una serie de trucos y técnicas para formar tu propio grupo de rock, aunque tienes que tener muy presente que no existe un procedimiento concreto a seguir. No existe una manera infalible de conseguir que un grupo de cualquier estilo funcione. Lo que sí tienes que pensar es que va a requerir mucho esfuerzo, mucho tiempo y tal vez un dinero que no tenías previsto. Lo importante es que los instrumentos que tengáis formen una canción comprensible, limpia y que transmita algo. En todo este proceso, que va más allá de especificaciones técnicas de amplificadores y la situación geográfica del instrumento en la sala de ensayo, va a ser esencial que todos los músicos practiquen en su casa. Todos, sin excepción, tendréis que encontrar un momento cada semana, cada día tal vez, para tocar las canciones que queréis tocar en conjunto. Hablaremos largo y tendido de la práctica personal, ya que va a ser, junto con los ensayos en grupo, uno de los pilares esenciales para crear un grupo funcional.

Asimismo, más allá de la práctica, otro de los factores importantes va a ser el *feeling*. ¿Te imaginas a **Mick Jagger** hartándose de **Charlie Watts** nada más empezar el proyecto? **The Rolling Stones** no hubieran sido lo mismo sin la potente y enérgica batería de Watts. El entendimiento y la complicidad entre los miembros son cruciales para tocar encima del escenario como lo hacen ellos, por ejemplo. Resulta decisivo, y más en un arte como es la música, entenderse y apoyarse entre miembros. Cuanto mejor cultivemos las relaciones con nuestros compañeros, más fácil será el camino. Todo rodará cuesta abajo con facilidad. Es verdad también que ha habido grupos que han ido cambiando sus integrantes con el tiempo, no vamos a mentir. No suenan bien solo los grupos que han estado siempre en armonía. Unos se han ido y otros llegan, y el cambio puede resultar tan justo y exitoso como el relevo de **Bon Scott** por **Brian Johnson**, pero la mayoría de las veces no es así. Sin ir más lejos, **Pink Floyd** perdió unos años maravillosos por culpa de las discrepancias y diferencias (algunos lo llaman «choque de egos») entre **David Gilmour** y **Roger Waters**. A **Supertramp** le pasó lo mismo. Sí, está claro que, por separado, muchos músicos han logrado cosas increíbles, pero... ¿qué hubiera pasado si hubieran seguido juntos? Seguramente, cosas maravillosas. De todas formas, no podemos predecir lo que pasará y muchas veces la dirección de los acontecimientos no se encuentra en nuestras manos. Sabiendo esto, aun así, intentaremos cohesionar nuestro grupo de la mejor manera posible y crear vínculos fuertes entre sus integrantes.

> ⮕ La cohesión, el trabajo en equipo, el respeto y la empatía serán cruciales si queremos mantener un grupo que trabaje, se entienda y que avance. No dejaremos de ser una familia que escoge a sus miembros, pero una familia al fin y al cabo.

Años atrás, tenía que venir un cazatalentos a decirte que tú sí que vales, que tu grupo suena bien y que puedes tener una oportunidad en el mundo de la música. Algunos grupos no buscaban necesariamente hacerse famosos, sino disfrutar tocando en locales pequeños de su ciudad, pero cuando alguien que parece saber de lo que habla se te acerca con un contrato y una promesa, es muy difícil decir que no. Sin embargo, todos sabemos que el número de grupos que se han quedado en un par de conciertos y no han ido más allá es más grande que el número de grupos de rock que han tenido un triunfo palpable de cara a la audiencia y al público. Hoy en día, el cazatalentos ya no viene a buscarte a casa, a la sala de ensayo o en un concierto, sino por Internet, a través de las redes sociales y en Youtube. Ahora ya no es necesario pasearse por la ciudad y mostrar el talento al mayor número de personas posible para ver si algún representante oye hablar de nosotros. Hoy en día es suficiente con colgar un vídeo en Youtube o hacerse viral en Twitter, Facebook, Instagram. Internet nos ha hecho un favor enorme a los músicos. La Red cuenta con toda una ristra de ventajas que tenemos que aprender a explotar. Es un pozo de conocimientos: cualquier cosa se puede aprender navegando por él. Además, actúa como eliminador de barreras físicas y favorece la comunicación entre músicos, estén en la parte del mundo que estén. Facilita el trabajo en línea, ahorra recursos en papel y ofrece programas y herramientas de libre acceso. Está claro, y no hay discusión, que Internet ha favorecido en las comunicaciones y en el conocimiento. Sí, también hay desventajas: las discográficas han tenido que estrujarse la cabeza para no tener pérdidas millonarias cada vez mayores «por culpa» de las reproducciones *online* y la piratería.

Guitarrista en concierto

Cuando Internet aún era joven nadie podía predecir que estos cambios también nos harían daño, como el exceso de información (que genera desinformación), la copia fácil por encima de la ley (piratería) y las *fake news*. Podríamos buscar otros tantos, pero tenemos claro que las desventajas de Internet existen y que, como las ventajas, han llegado para quedarse. El debate está servido, pero para lo que a nosotros nos ocupa, las ventajas nos van a venir de gran ayuda. Incuestionable es que, gracias a la Red, la comunicación y el conocimiento han pasado a otro nivel, y eso es precisamente lo que vamos a necesitar para localizar a los integrantes de nuestro grupo, aprender las canciones que no nos sepamos en caso de querer tocar versiones, presentarnos delante de una determinada audiencia y darnos a conocer más allá de nuestra ciudad. En definitiva, poder formar y mantener un grupo de rock que pueda tener posibilidades de tocar en garitos y festivales y generar una audiencia fiel, además de dinero *online* por reproducciones (aquí es donde entran nuestras amigas distribuidoras como Spotify).

Paso por paso

Los capítulos de este libro están ordenados de manera secuencial, de principio a fin. Empezaremos buscando nuestros compañeros de viaje en sitios como Internet, la vida real y tiraremos de contactos: a veces, la mejor manera de encontrar a tu guitarrista es hacer correr la voz entre los músicos del mundillo. Cuando ya tengamos nuestro equipo iremos a buscar juntos una sala de ensayo donde podamos hacer ruido del bueno y del malo sin molestar a nadie. Es imprescindible encontrar un lugar fijo en el que todos los miembros del grupo se sientan cómodos, como en casa, para poder ensayar y tener un espacio de referencia que consideremos nuestro templo, nuestro santuario. Este paso es posible que cueste porque se ve involucrado el dinero, y muchas veces es aquí donde conocemos de verdad cuáles son las aspiraciones y el compromiso de los miembros de nuestro grupo. Contribuir con dinero es un hecho que siempre comporta una responsabilidad y un deber, como el pagar cada mes de manera religiosa. Lo ideal sería poder habilitar un espacio nuestro: un garaje o sala de ensayo en casa de alguno de nosotros, pero eso puede salir incluso más caro. Por ello ajustaremos nuestra búsqueda al nivel de compromiso de las personas del grupo, a la comodidad que nos podamos permitir y a las necesidades que tengamos.

Más adelante hablaremos del primer ensayo, aquella primera vez donde todos nos sentimos como si fuéramos a nuestro peor examen. La primera vez se suele sentir como si estuviéramos hablando delante de cien personas, algo completamente normal. Trabajaremos la confianza y la empatía para poder afrontar este momento de la mejor manera posible. Al fin y al cabo todos (o la mayoría) estaremos empezando, así que tomémoslo con calma. Es en este paso, normalmente, cuando ya llevamos un par de ensayos y estamos seguros de que funcionamos como grupo, que se suelen buscar las salas de ensayo, y no antes. No vamos a comprometernos con el dueño de las salas de ensayo o con la empresa si aún no estamos seguros de nuestro proyecto, ¿no? Es de sentido común.

De individuos a grupo de rock

Dados los primeros pasos, tal vez los más difíciles por el hecho de juntar diversas personas con personalidades, intereses y bagajes distintos, ya será hora de ponerse en marcha y decidir qué rumbo queremos coger como grupo. En este punto, aprenderemos a componer y a formar una estructura a partir de una melodía para que los demás la puedan seguir y empezar a tener canciones propias, algo esencial en un grupo de rock. Si habéis decidido, sin embargo, que en tu grupo se van a tocar solo versiones o *covers*, eso no es un error ni mucho menos, os podéis saltar este paso. De todas formas, siempre recomendaremos trabajar la composición un poco ya que ayuda a desarrollar la creatividad y a salirnos de aquello que ya conocemos. Componer no es fácil y no es para todo el mundo: algunos componentes tendrán más dificultades que otros, pero hacer una canción y tocarla sabiendo que es vuestra... ese es uno de los mejores sentimientos como músico. Tendréis ganas de enseñársela al mundo, de perfeccionarla, de mejorarla, escuchar críticas, hacerla llegar a todos los rincones de vuestro país y más allá. ¿Y cómo? Sí, a través de los conciertos. Esta va a ser nuestra meta final, y podremos conseguirla en menos de un año. Dar un concierto puede considerarse como la panacea de los músicos. Subirse a un escenario es todo lo que hemos comentado antes: es ser vulnerable, estar desnudo, enseñarle una parte de nosotros al mundo. Es entregarse y disfrutar desde una posición privilegiada. ¿Nos ponemos a ello? ¡*Long live rock'n'roll*!

2

COMPAÑEROS DE VIAJE

EN BUSCA DE LOS INTEGRANTES DEL GRUPO

Busquemos a los que algún día consideraremos parte de nuestra familia musical

➲ Buscar a los miembros de tu grupo puede convertirse en un verdadero dolor de cabeza si no sabes dónde buscar. Esta tarea puede llevarte meses, sí, pero una vez lo consigas y encuentres a tu familia ya tendrás la mitad del camino hecho.

Tocas un instrumento y ya te has aprendido alguna parte de las canciones de tus grupos favoritos o te estás planteando ponerte a ello y se te ha ocurrido la emocionante idea de empezar un grupo de rock. «Tiene que ser una pasada», piensas, «subirse a un escenario y que todo el mundo esté ahí conmigo, escuchándome». Pues sí. Pero claro, hay un pequeño, minúsculo problema: solo estás tú. Bien, pues déjame decirte que existen decenas de personas a tu alrededor con la mismas ganas y las mismas inquietudes. ¡Vamos a buscarlas y a proponerles algo a lo que no podrán decir que no!

Primero de todo tenemos que pararnos a pensar cuántas personas necesitamos. Si tocas la guitarra, por ejemplo, tal vez te interese empezar con un bajista, un cantante y un batería. Incluso una de estas personas puede hacer dos cosas a la vez y así te ahorras un integrante: tocar la batería y cantar a la vez, tocar el bajo y cantar a la vez, tocar el bajo y los teclados, etc. Más adelante, cuando ya toquéis un par de canciones podréis incorporar más personas según vuestras necesidades. Tal vez queráis añadir algún instrumento de viento, un teclista que se ocupe solo de los teclados o un segundo bajo para poder hacer auténticas virguerías. También tendrá mucho que ver con el estilo de música que busquemos desarrollar, así que te recomiendo que lleves a cabo estos pasos:

❏ Haz una lista de algunas de las canciones de otros grupos que te gusten.

❏ Apunta el número de instrumentos principales que suenan en ellas (si tú no eres el cantante, no te olvides de la voz a menos que quieras formar un grupo instrumental, que puede ser una opción muy interesante).

❏ Si no te interesa «parecerte» a nadie y prefieres ir probando con diferentes músicos hasta ver lo que sale, intenta tener lista alguna melodía o canción compuesta por ti para poder ponerla en común con algún músico con el que quedes para probar.

Ten en cuenta que para poner anuncios en cualquier lado y captar la atención de personas concretas, necesitas especificar el estilo de música que quieres tocar, y a veces puede no bastar decir «rock». Los músicos que se pongan en contacto contigo, si ven un anuncio tuyo, tienen que saber muy bien qué pueden esperar y qué buscas en concreto. Cuanto más concretes en tu anuncio, menos tiempo perderéis los dos. Porque ya sabes que no es lo mismo crear una banda de metal-rock desde cero (en la que a lo mejor le podrías dar prioridad a las guitarras e incorporar tres y con un carácter más fuerte) o pop-rock, en el que es posible que te interese buscar otro tipo de perfil de guitarrista. Una vez hecho esto, iremos al grano: ¿dónde puedo encontrar personas con el mismo interés, las mismas ganas (y lo más importante) lo más cerca de mí para formar mi grupo de rock? Pues tienes tres opciones: buscar en Internet, en la vida real (en la calle) a la vieja usanza o tirar de contactos: amigos, familiares y conocidos. ¿Mi recomendación? Empieza por lo tercero.

Buscar músicos a través de contactos

Los integrantes de tu grupo de música se van a convertir en tu familia. Vas a pasar mucho tiempo con ellos dentro de una sala cerrada repitiendo las mismas canciones una y otra vez, perfeccionando melodías, el sonido, la puesta en escena y muchas otras cosas. Vais a mantener juntos un local de ensayo, vais a compartir muchas horas juntos, vais a tener que escuchar opiniones de unos y de otros que no siempre van a ser positivas y, en definitiva, vais a tener que convivir. Esto significa que tenéis que construir una confianza mutua, y si esa confianza ya está ahí, ¿por qué no la aprovechamos? Si alguien de tu grupo de amigos toca un instrumento, no te lo pienses, intentad empezar vosotros dos juntos. Todo fluirá de manera más natural.

Si algún amigo tuyo y tú ya habéis tomado la decisión de empezar un proyecto juntos, ¡enhorabuena! Ya tenéis mucho camino recorrido. Ahora es hora de buscar al resto de integrantes. Si los dos tocáis un instrumento, seguro que conocéis a alguien más que también lo hace: algún amigo, familiar o conocido. También puede ser que conozcáis a alguien que va mucho a ver conciertos y que seguro os podrá echar una mano. Tirar de contactos es esto: sentarse un momento a pensar a quién conocemos que pueda echarnos una mano. Ya lo dice la teoría de «los seis grados de separación»: cada persona conoce de media cien personas, y todas ellas conocen a otras cien y así sucesivamente. Esto hace que, al final, a través de una cadena de personas, en seis pasos podríamos establecer contacto con cualquier persona del planeta. Imagínate: cualquiera de nosotros podría hablar, mediante una conexión de seis personas, con **Marvin Gaye**, por supuesto, con las tecnologías, la suerte y la voluntad necesarias. (Bueno, en este caso se haría un poco difícil porque está muerto.)

Lo que vengo a decir es que los músicos que buscáis están a vuestro alcance. Solo tenéis que saber dónde buscar. Preguntad a padres, madres, hermanos, primos, familiares que no veáis tan a menudo, amigos, amigos de la infancia, al profesorado, al dependiente de la tienda que más os gusta, al conductor de autobús con el que tenéis algo de confianza, al compañero del gimnasio, el de la tienda de discos. A todo el mundo. A ver si conocen algún guitarrista o bajista o conocen algún lugar donde podáis buscar músicos. Si directamente os dan el contacto de un músico, muchísimo mejor, porque lo más seguro es que sea de fiar. Esto es precisamente lo que buscamos: una persona con la que nos sea fácil establecer un vínculo.

Buscar músicos a la vieja usanza

El método de toda la vida: haces un cartel y lo cuelgas en las inmediaciones de tu casa, tu trabajo, tu centro de estudios, o cerca de las salas de ensayo donde sabes que es probable que acabes ensayando. Este sistema seguro que ya se te había ocurrido, y es que es una muy buena idea, pues es un método directo y que llega a muchas personas cercanas, que es lo que nos interesa. Para que este método surta el efecto deseado tenemos que tener en cuenta un par de cosas:

❏ **La localización física: eficaz y estratégica.** El anuncio lo deberías colgar allí donde se muevan los músicos y cerca de donde viváis los que ya estáis en el grupo. Si vivís lejos, también en algún punto intermedio. Algunos lugares clave son las cercanías y los tablones de anuncios de las salas de ensayo, los casales de jóvenes o supermercados (por donde pasa mucha gente), comercios populares, tiendas de música, salas de conciertos, centros donde se den clases de música e inmediaciones de institutos o universidades. También puedes colgarlo en el edificio donde vivas y en las puertas de los negocios. Colócalo siempre donde esté permitido y pide permiso si es necesario.

❏ **El contenido: sencillo pero llamativo.** Un buen anuncio destaca por su sencillez y originalidad. Algunas ideas que puedes tener en cuenta es recortar tu anuncio en forma de guitarra o en forma de nota, de manera que sea más visible. Puedes usar también colores llamativos pero que casen bien. No uses mucha letra ni lo llenes de especificaciones: escribe lo justo y necesario. Utiliza un título que describa lo que buscas y usa una fuente de mayor tamaño que todo lo demás. Lo importante de tu anuncio tiene que poder leerse en un instante. Aquí tienes algunos ejemplos:

Carteles creados con Canva

Algunas herramientas *online* que puedes usar para crear cualquier tipo de cartel son: canva.com, befunky.com, crello.com, fabricadecarteles.com y fotojet.com. Todas son gratuitas y muy intuitivas y con plantillas personalizables de varios tamaños.

❏ **Materiales: cuidado con el tiempo.** Algo que deberías tener en cuenta también es la altura a la que colocas el cartel y los materiales que uses para imprimirlo y pegarlo. En un tablón está claro que usarás chinchetas, pero para otros sitios a lo mejor sería buena idea plastificar el cartel. Si lo cuelgas al aire libre y vives en una zona donde llueve a menudo, es fácil que se deteriore con la lluvia o que se lo lleve el viento. Usa cinta adhesiva de calidad o cinta de embalar, y si lo cuelgas en un poste, farola o semáforo le puedes dar un par de vueltas con la cinta para que quede bien fijo. Puede parecer una tontería, pero tener en cuenta estas cosas hará que tus carteles duren más.

Los carteles tienen una efectividad que depende mucho de la suerte. Si todo sale bien, podrías encontrar a todos los miembros de tu grupo. Solo se trata de colocar los carteles en zonas estratégicas y donde haya cierta actividad musical. Si vives en un sitio donde no haya ambiente o movimiento de músicos, tal vez las redes sociales te ayuden más, o el boca a boca, en su defecto. De todas formas, ten paciencia. Es posible que las llamadas empiecen a llegar en una semana o dos, cuando la persona adecuada pase por el sitio adecuado. Sobre todo, ¡no te olvides de proporcionar un teléfono o un e-mail en tu cartel!

Otros lugares a los que puedes acercarte o a los que puedes llamar por teléfono para consultar información sobre músicos que busquen un grupo son las asociaciones y federaciones de músicos de tu pueblo o ciudad. Se trata de un conjunto de músicos organizados que defienden sus intereses de manera colectiva. Es un núcleo de información bastante importante que puedes usar a tu favor. Puedes investigar qué tipo de asociaciones o federaciones existen en tu zona y preguntar por el tablón de anuncios o algún servicio de contactos. Es muy probable que la mayoría cuente al menos con un tablón físico en su sede donde los músicos se anuncian. Tal vez también sea un buen sitio en el que buscar, todo dependerá de cómo se organicen los músicos en tu área.

Buscar músicos en Internet

En Internet existen muchas páginas a las que podemos recurrir para buscar a los integrantes de nuestro grupo. No debemos olvidarnos tampoco de las redes sociales, que hoy por hoy, pueden ayudarte mucho más que las páginas especializadas de búsqueda de músicos. La mayoría de las páginas de anuncios y búsqueda de músicos no se encuentra actualizada, así que no desesperes si a través de estas páginas no consigues llegar a un gran número de personas. Con el paso de los años y la aparición de las redes, en especial Facebook, estas páginas han ido desapareciendo y solo quedan algunas que funcionan. Una de ellas es solomusicos.com.

Solomusicos.com es una página web que funciona en muchos países, ya que la búsqueda no está limitada a ningún país en concreto. Puedes buscar personas en España, Colombia, México, Chile, Perú y en muchísimos países más. Cuenta con un buscador por provincia y ciudad muy sencillo donde puedes seleccionar el estilo musical, el perfil del músico (profesional o no profesional, esto va bien cuando estamos empezando o ya tenemos un proyecto más serio), el género y el instrumento. Puedes subir canciones y vídeos y visualizar el buscador en forma de mapa. Por si fuera poco, cuenta además con un buscador que te recomienda músicos según sus influencias. Está actualizada y hay más de 78.000 personas registradas. ¡Échale un vistazo y envía un par de mensajes, a ver si hay suerte!

Ejemplo de búsqueda en el buscador
de solomusicos.com

Como ya hemos dicho, la mayoría de páginas que proporcionan una búsqueda sencilla de músicos no funciona, por distintos motivos. Nos podríamos aventurar a decir que las redes sociales han tenido mucho que ver, ya que facilitan las búsquedas y además son una herramienta fácil, intuitiva y rápida de usar. No obstante, van surgiendo otras, y una que parece tener buen recorrido es **musicgrama.com**, que funciona desde noviembre de 2018. Esta página web permite buscar integrantes, vender *merchandising* o material del grupo y permite a los grupos promocionarse para ser visibles para las productoras y otras empresas. Más adelante hablaremos de estas páginas, porque las necesitaremos cuando nuestro grupo ya tenga un recorrido y necesite cierta proyección. Musicgrama actualmente funciona solo para España y de momento cuenta con más de 1600 usuarios.

Búsqueda en musicgrama.com

Una técnica ancestral, muy complicada y ultrasecreta que existe para buscar un músico en concreto en Internet es escribir en Google o en tu buscador: «busco guitarra» y la ciudad donde resides. Por ejemplo: «busco guitarra Medellín». Vale, sin bromas: puede parecer algo muy obvio, pero hay un gran número de páginas de búsqueda de músicos que está delimitada geográficamente. Es decir, hay buscadores que están centrados únicamente en una área en concreto. Si escribes el nombre de una ciudad cerca de un instrumento musical (guitarra + Medellín, por ejemplo), te saldrán sugerencias de páginas creadas para tu ciudad, zona o pueblo. También puedes buscar «músicos» + tu ciudad. Lo hemos intentado con distintos lugares de distintos países y este ha sido el resultado:

▷ rockombia.com (Colombia)

▷ gruposmadrid.com (Madrid, España)

▷ zonamusica.com.ar (Argentina)

▷ asuncion.locanto.com.py (Asunción, Paraguay). Esta página es un buscador de músicos que funciona en multitud de ciudades. Algunas cuentan con anuncios más actualizados que otras.

▷ chilemusicos.net (Chile)

▷ musicosdemallorca.com (Mallorca, España)

Todas estas páginas resultan útiles si se usan en el territorio para el que han sido creadas. De todas formas, verás que si buscas en Google o en tu buscador predeterminado un tipo de música en un territorio, muchos de los resultados van a ser en Facebook, y es que esta red social es una herramienta muy potente que podemos usar a nuestro favor. Las redes sociales nos van a ser de mucha utilidad a la hora de buscar músicos a nuestro alrededor, y todo gracias a los grupos ya creados que ponen en contacto a gente con intereses en común.

Las redes sociales

Las conocemos todas: Facebook, Twitter, Instagram, etc. Y sabemos cómo usarlas. Lo beneficioso de ellas es que, si encontramos los espacios adecuados, podemos dirigirnos a un número muy elevado de personas con la mitad del esfuerzo que nos cuesta empapelar nuestra ciudad entera o pueblo. Para buscar a los integrantes de tu grupo en las redes sociales es preciso que escribas un mensaje tipo, predeterminado, para poder copiar y pegar en los diferentes grupos y espacios que encuentres. Así, todo será más rápido y fácil. En Facebook, por ejemplo, lo primero que deberías hacer es lo mismo que hemos hecho antes en tu buscador de Internet: escribir la palabra «músicos» y tu ciudad o zona en el buscador. Facebook cuenta con un buscador avanzado que te permite encontrar grupos con publicaciones recientes, y dejar atrás así los grupos muertos que ya no se usen. Además, puedes acotar la búsqueda por ubicación. Con una búsqueda simple de distintas ciudades con la palabra músicos hemos encontrado estos grupos:

Fíjate que podemos saber en cada uno de ellos cuántos miembros hay y cuántas publicaciones se hacen al día. Teniendo en cuenta esta media y las personas que hay, sabremos si ese grupo es activo o hace tiempo que no funciona. De todas formas, aunque un grupo parezca que no funciona o tenga muy pocas publicaciones al día, no dejes de publicar tu anuncio. Quién sabe quién podría verlo. No escatimes en esfuerzos. Si solo tienes que copiar y pegar tu texto, lo mismo te da publicarlo en un grupo que en dos o tres más. No pases de largo de las páginas tampoco, las asociaciones de las que hablábamos antes tienen también página en Facebook, por regla general, y eso te puede ayudar a ponerte en contacto con un par de personas.

Cuando escribas tu anuncio en las redes sociales intenta hacerlo de manera sencilla, sin rodeos. Sobre todo, que sea un anuncio breve y claro. En las publicaciones en Facebook, evita escribir una publicación tan larga que los usuarios tengan que hacer clic en «ver más» para poder leerlo todo. En Internet prima la sencillez: cuanto más fácil lo pongas, más leída será tu publicación. Si quieres, también puedes añadir alguna imagen para atraer la atención, así como hemos comentado antes con los carteles. Las páginas web que te hemos recomendado para hacer tu cartel tienen opciones para trabajar con carteles en cuadrado, que son los que suelen funcionar en redes sociales, así que de igual manera puedes subir tu cartel en vez de hacer una publicación solo con letras y emoticonos o *emojis*. De los emoticonos no te olvides, decoran el texto y lo hacen más visible, porque llaman la atención. Con uno o dos bastará, tampoco es necesario llenar la publicación de caritas de colores. Aquí tienes un ejemplo de lo que suele funcionar:

Mensaje publicado en
Músicos de Mallorca, Facebook

En Facebook puedes aprovechar y escribir más texto que en un anuncio convencional porque no es necesario que especifiques ninguna información de contacto. Te pueden escribir un mensaje directamente o comentar en tu publicación. Lo bueno de las redes sociales es que no tienes que perder el tiempo con llamadas inciertas, porque puedes comprobar tú mismo en Internet qué tal se desenvuelve un músico antes de quedar con él. Si temes que los músicos que encuentres no tengan la misma experiencia que tú, siempre puedes pedir un vídeo o un audio para comprobar cómo tocan o cantan. Es totalmente normal y entendible, que no te dé vergüenza. Aprovecha también Twitter e Instagram. En estas dos redes sociales las imágenes también son importantes, sobre todo en Instagram, ya lo sabes. Publicar lo que buscas en tus historias y pedirle a tus contactos que lo compartan puede ser una buena estrategia para conseguir visibilidad. En Twitter dependerá de tu zona. Es fácil llegar a otras partes del mundo, pero llegar a personas que viven cerca de ti dependerá de la proyección que tenga tu cuenta en la zona.

Si combinas todas las metodologías comentadas hasta ahora, es muy posible que varios músicos se pongan en contacto contigo. Cubre todos los frentes que puedas: cuelga carteles por la calle, háblale a tus amigos y familiares de lo que buscas, pídeles que compartan tus publicaciones en redes y que te ayuden a colgar carteles en salas de ensayo, tiendas de música, centros y en todos los lugares donde puedas y esté permitido. Cuanta más visibilidad, más posibilidades. Si buscas gente de tu misma edad, con tus mismas aspiraciones, misma experiencia y con similitudes que te permitan tener una amistad más allá del grupo (algo de lo que hablaremos más adelante), piensa en tus movimientos, en cómo te mueves por tu ciudad o pueblo, a qué sitios vas, cómo te desplazas, en qué lugares pasas más tiempo. Piensa que el anuncio lo pones para alguien como tú, así sabrás de qué manera puedes llegar mejor a músicos afines. ¡Mucha suerte y manos a la obra!

3

EL PRIMER ENSAYO: LA TOMA DE CONTACTO

¡PERO QUÉ MAL SUENA ESTO!

Cómo ir bien preparado al primer ensayo y no morir en el intento

➲ El primer ensayo es algo que siempre se recuerda. Para que sea fluido, lo mejor es prepararse entre todos una lista de canciones, practicar mucho en casa y encontrar un lugar adecuado para poder tocar a volumen normal sin molestar a nadie.

Ha llegado el momento de verse las caras. Después de recibir mensajes contestando a tu solicitud, ya te habrás podido poner en contacto con un par de músicos interesados en tu proyecto. Ya te hemos advertido de que este proceso puede durar meses, así que no te desilusiones ni te vengas abajo, es una de las partes más complicadas del camino. Una vez te vayan llegando mensajes o llamadas, intenta obtener información que te ayude a decidir si ese músico se adapta a lo que tú buscas: edad (si es que te importa mucho), nivel de experiencia similar, disponibilidad para desplazarse, compromiso, conocimiento de algunas canciones, mismos intereses e influencias, etc. Esto son solo algunas ideas, el que tiene que saber lo que busca eres tú. Una vez obtenida esa información, si no consideras que haya ninguna diferencia sustancial o importante, no le digas a nadie que no. El que ahora te parece una superestrella para tu grupo puede resultar ser mañana el más vago de todos. Y viceversa.

El primer ensayo nunca es fácil

El primer ensayo no suele ser fácil, nadie se conoce, todos estamos nerviosos y tenemos miedo de tocar mal, de equivocarnos y quedar mal delante de nuestros compañeros.

Eso puede ser relativamente fácil de superar si nos damos cuenta de que, probablemente, estamos todos igual. Ya lo dice el dicho: mal de muchos, consuelo de... músicos. Y es que mostrar tus habilidades delante de gente que no habías visto antes da un poco de canguelo, como es normal. Otra cosa que te puede pasar es que tengas a varias personas interesadas que tocan, justamente, el mismo instrumento. Es decir, cinco guitarristas interesados en tocar contigo y empezar un proyecto. Si eso te pasa, no entres en pánico, trátales como esperarías tú ser tratado. Intenta quedar con todos ellos en días diferentes. Verse las caras el mismo día con cinco guitarristas en una sala de ensayo o en el sótano de tu casa puede resultar violento para ellos: vienen a pasarlo bien y a hacer música, no al matadero.

Vayamos a lo práctico. Cuando te empiecen a llamar por teléfono diferentes personas, mi consejo es que hagas una primera criba y averigües todo lo que puedas. Si ya para empezar no cumplen con requisitos que tú consideras importantes, puedes decirles que no te interesa lo que te ofrecen, no pasa nada. Si, por el contrario, crees que podrían ser buenos candidatos (están dispuestos a tomárselo en serio, tienen más o menos las mismas influencias que tú, son de tu ciudad y tienen ilusión por empezar un proyecto nuevo), guarda su contacto. Como hemos dicho antes, siempre puede ser bueno pedir una muestra en formato vídeo o audio de lo que sabe hacer. Así, te haces una idea del nivel que tienen y ya sabrás qué esperar de ellos en los ensayos. Si hasta aquí todo avanza bien y tú también les gustas (claro, esto tiene que ser recíproco) ya podéis pasar a la siguiente fase.

Dónde ensayar por primera vez

Cuando tengas a un par de músicos interesados en tu proyecto y ya hayas hablado con ellos será el momento de ensayar conjuntamente por primera vez. Necesitáis, para empezar, un ensayo de prueba. Para encontrar el sitio adecuado hay un truco que se suele usar: preguntarle al batería. Seguramente es uno de los instrumentos que te habrás planteado tener en tu grupo de rock, ya que es casi inherente a ese estilo de música. Vuestro batería tiene que tener un sitio para practicar, y seguro que es un sitio donde no molesta, porque si no, no podría practicar ahí. Allí donde practique el batería puede ser un buen sitio para conocer a vuestros músicos. Si resulta ser el batería el nuevo, no pasa nada, queda con los demás músicos primero y finalmente con el batería.

¿Pero dónde quedo con los otros músicos si de momento no se nos ha presentado ningún batería? Lo que podéis hacer es quedar en casa de alguno de vosotros, donde haya un mínimo de espacio (una habitación, un sótano, el salón) o en la sala de ensayo de algún amigo. También podéis preguntar en las salas de ensayo cercanas si os pueden alquilar alguna durante una hora, o si os pueden dejar una sala en un centro cultural o casal para jóvenes. Seguro que tienes alguno cerca. En caso de no querer o no poder pagar, siempre podéis quedar en casa de alguno de vosotros y tocar en acústico o a muy bajo volumen con vuestros amplificadores. Las dificultades para encontrar una sala de ensayo de verdad ya las pasaréis cuando tengas claros a tus integrantes. Si aún no estás seguro, no pagues ninguna señal en ningún sitio, así te evitarás sorpresas y decepciones. Cuando hay dinero de por medio todo es mucho más delicado. En el momento en el que quedéis para ensayar, si la situación os lo permite, deberíais poder quedar las cuatro o cinco personas de la banda. Esto tiene una razón de ser, y es que las canciones sin un instrumento quedan bastante cojas. Algunas pueden llegar a sonar realmente mal si falta un instrumento que resulta ser la pieza clave. Si la situación te lo permite, tienes suficientes personas interesadas y no ha pasado demasiado tiempo (no vaya a ser que una de ellas se interese por otro proyecto), lo mejor será que quedéis el grupo entero.

Cómo prepararse el primer ensayo

La lista de canciones

Antes de veros por primera vez de manera conjunta estaría bien que determinarais qué canciones vais a tocar para poder prepararlas cada uno en su casa y después ponerlas en común en el primer ensayo. No te recomiendo que, si tienes canciones propias, las enseñes de buenas a primeras, ni siquiera delante de ellos de manera libre cuando os veáis por primera vez. Es mucho mejor curarse en salud: cuida tus composiciones y no se las enseñes a la primera persona que pase. Este es un consejo que te puede salvar de algún que otro plagio. Con esto no quiero decir que el mundo esté plagado de malas personas y de músicos al acecho esperando a que reveles tus invenciones, pero si puedes esperar a tener más confianza con tus músicos, mucho mejor.

Partiendo de la base de que todos los miembros del grupo tenéis más o menos la misma experiencia, voy a recomendarte una serie de canciones que puedes proponer. Es importante que sean canciones sencillas que cualquiera pueda aprenderse en poco tiempo. No buscamos conocer las carencias de cada uno (todos podemos evolucionar), buscamos una canción que podamos tocar de manera conjunta y con la que nos podamos hacer una idea sobre cómo suenan todos los instrumentos juntos. Aquí tienes una lista de canciones fáciles que podéis tocar en cualquier grupo que tenga, como mínimo, una persona que toque la guitarra, un batería, un bajista y una persona que cante:

❑ **«American Idiot», Green Day.** Esta canción tiene un ritmo de guitarra rápido pero la batería y el bajo prácticamente no cambian durante toda la canción. La voz es perfectamente asumible para cualquier tipo de cantante de rock. En general, la mayoría de canciones de Green Day no presentan muchas dificultades.

❑ **«Another Brick In The Wall Pt.2», Pink Floyd.** La parte dos, no la parte uno, del «Another Brick In The Wall» es una bestialidad de canción, y sorprendentemente fácil para grupos que empiezan. Las voces femeninas pueden quedar especialmente bien con esta canción y si el guitarra aún no puede hacer un solo, os lo podéis saltar. Si no, esta canción también te da el espacio para explayarte e improvisar una parte del solo. Es un muy buen comienzo.

❏ **«Agradecido», Rosendo.** No hay que pretender sonar como Rosendo, que tiene una voz peculiar, recordemos que estas canciones son para ver cómo sonamos en conjunto. «Agradecido» es una canción rockera cañera, propia de los años dorados del rock español, muy fácil de aprender para todos los instrumentos.

❏ **«Smoke On The Water», Deep Purple.** El bajo tiene unas variaciones muy chulas y no demasiado rápidas, la batería es muy cuadrada y seguro que el guitarrista ya se la sabe. Si no, ¡despídelo! Es la primera canción que se aprenden todos los guitarristas, ¡que no te mienta!

❏ **«Out For Blood», Lita Ford.** Canción pesada donde las haya, de la década de los ochenta y de la mano de una de las voces femeninas que más repercusión tuvo entre el elevado nombre de grupos con voces masculinas rockeras. Echadle un vistazo, la batería es casi siempre igual, pero la guitarra tal vez tiene que esforzarse un poco, aunque siempre os podéis saltar el solo.

❏ **«Una foto en blanco y negro», El Canto Del Loco.** Una de las canciones más fáciles y emotivas del pop-rock español. No es difícil para ningún instrumento, ni siquiera para la voz. Las variaciones son mínimas y con todos los instrumentos, la canción tiende a sonar compacta.

❏ **«(I Can't Get No) Satisfaction», The Rolling Stones.** Salvando el hecho de que a lo mejor el cantante no tiene una pandereta, y quitando esa pequeña parte de la canción (que por cierto, le da mucha vida), esta canción es buena para empezar. La batería es casi aburrida. La guitarra es repetitiva y el bajo aquí sí que puede destacar de manera notable. Además, puedes comprobar qué tal le va la voz a tu cantante en cuanto a potencia. Cuando esta canción se canta sin energía, se nota.

❏ **«Starman», David Bowie.** Con una guitarra acústica y una buena voz, esta canción puede sonar brutal. David Bowie, nuestro camaleón, permite al cantante modificar la voz como más le guste. Es una canción sencilla, de batería simple y con un protagonismo medio para el bajo.

Estas canciones pueden serviros como referencia si no tenéis la menor idea de por dónde empezar, aunque seguramente no sea así. Si buscas a tus músicos en base a las influencias, es posible que tengáis más de un grupo en común que os guste y por donde podéis empezar. Intentad, eso sí, que las canciones sean relativamente fáciles. Imagina estar practicando una semana una canción que a lo mejor no te termina de entusiasmar para un grupo que al final no tiene recorrido. Está bien, sí, el saber no ocupa lugar, pero tal vez podríamos haber dedicado el tiempo a practicar canciones que nos interesan y nos gustan de verdad. Cada integrante del grupo se encargará por su cuenta de buscar las partituras que necesite para aprenderse la canción, eso se da por sentado. Como también se da por sentado que todos deberíais estar cómodos con lo que toquéis, porque si no, la habilidad que algunos integrantes muestren puede no ser la real. Tocar algo que no te gusta le quita mucha actitud a la hora de tocar, y eso lo sabemos todos los músicos.

Tu amigo el metrónomo

El dibujo de la siguiente página es un **metrónomo**. Haz el favor de usarlo, ¡que existe para eso! No hace falta que te compres uno si no lo tienes ya, porque existe una infinidad de aplicaciones para el móvil y *online* que te puedes poner en los auriculares y que realizan la misma función. Por si no sabes aún lo que es, un metrónomo te marca el tempo de una canción, el pulso de la misma. Es una herramienta que se usa poco y que muchos músicos deberían incorporar a su rutina diaria de práctica. Tocar fuera de ritmo puede tener consecuencias catastróficas para vosotros como grupo musical. Si tocas solo no es tan importante. Si tocas con los demás... es casi esencial.

Metrónomo

Cuando practiques canciones por tu cuenta, tanto si son canciones que tú has escogido como si son para poner en común con el grupo, te recomiendo que sigas estos pasos:

❑ Busca la canción que quieras practicar y escúchala con calma. Presta atención a todos los instrumentos que suenan, por separado, y a la pieza musical en su conjunto. **Interiorízala** y escúchala durante unos días: de camino a tu centro de estudios o a tu trabajo, en el transporte público, mientras realizas tareas. Absorbe e interioriza la canción hasta que no te suene ajena y te sepas todas las filigranas y pequeños guiños que tiene, sean del instrumento que sean.

❑ Busca la partitura específica para tu instrumento (a menos que quieras aprenderte la voz), o, en su defecto, la tablatura. Observa en qué partes puedes tener más problemas e intenta **practicar** las partes que te parezcan más fáciles, las que puedas asumir de manera más rápida. Con la canción en la cabeza te será muy fácil identificar si te equivocas porque ya te la habrás estudiado. En caso de que quieras practicar la voz, algo que funciona muy bien es ir cantando encima de la canción en cuestión para cogerle el truco.

❑ Cuando tengas las partes más fáciles asumidas, puedes empezar con las más difíciles. Si te estás aprendiendo la voz, no te olvides de **calentar** antes de cantar. Tu voz es un instrumento delicado, más que una guitarra, un bajo, un teclado o una batería, así que cuídala lo mejor que puedas.

❑ Mientras estés practicando, al principio encima de la canción o con la canción de fondo y, más tarde, a solas, recuerda hacerlo a la **velocidad** que habéis acordado en el grupo. Las canciones que no os gusten cómo son, o que queráis modificar de alguna manera (el cantante la prefiere más lenta, las filigranas tan rápido al bajo no le salen), podéis modificar su tempo. Lo único que tenéis que hacer es determinar la velocidad de la canción. Es decir, los *Beats Per Minute*, en inglés, o golpes por minuto. Los **BPM** sirven para determinar, en una canción, cuántas figuras de un tiempo (negras) podemos encontrar en un minuto de la canción. Por consiguiente, las canciones con más BPM serán más rápidas (se utilizan en los gimnasios para acelerarte), y las que menos BPM tengan serán más lentas (comúnmente usado en las baladas).

▌ Inciso: existen muchas herramientas en Internet que te permiten cambiarle los BPM a una canción. Lo que suele pasar es que estos programas, que no son de pago, te ralentizan la canción natural, lo que hace que, inevitablemente, suenen un poco chistosas, porque se tiene que incluir información musical en un tiempo que antes no existía, porque la canción era más larga y no tan corta. El vibrato del cantante que antes duraba tan solo dos segundos ahora dura tres segundos, así que al alargarlo suena gracioso. Esto se puede corregir con programas de música como el **GuitarPro**, que te puedes descargar gratis (versión de prueba), y cambiar los BPM de las tablaturas sin ningún problema. De todas formas, el hecho de que la canción suene rara no tiene mucha importancia, ya que es solo para practicar. **Audiotrimmer.com** es una herramienta *online* que te permite cambiar la velocidad de las canciones de manera gratuita. Para practicar puede estar muy bien tanto el modo lento (para empezar) como el modo rápido (para perfeccionar la técnica).

❑ Y el último consejo o paso: practica tú solo con el metrónomo de fondo cuando tengas la canción completamente asimilada. Si practicas siempre con la canción de fondo te acostumbrarás a oír algo más mientras estás tocando, y en el momento en el que toques solo delante de tus compañeros vas a sentir un vacío que antes no estaba ahí. Aunque toques con ellos, que significaría escuchar los mismos instrumentos que oías en la canción, no lo vas a escuchar igual, porque ni la técnica ni los instrumentos ni los músicos son los mismos, así que acostúmbrate cuando practiques a hacerlo *a capella*, tú solo, sin ningún estímulo externo. Para cuando llegue el ensayo, deberías poder tocar la canción en cuestión simplemente con un metrónomo al lado, e incluso sin él. Así, cuando quedes con tus compañeros lo harás bien y seguirás el tempo, y podrás corregirlos cuando se adelanten o se atrasen. No me cansaré de repetirlo: el tempo, en un grupo, es muy importante y debe ser cuidado por todos. Por eso, es necesario practicar con un metrónomo o con una herramienta parecida.

Para que puedas practicar a gusto en casa tú solo con tu instrumento las canciones que habéis acordado, aquí tienes un par de herramientas gratuitas que puedes encontrar en Internet, además de una serie de apps que te ayudarán a afinar tu instrumento y a seguir el tempo con tu **móvil**:

Apps

▷ **Instrument Tuner**

Instrument Tuner es una app gratuita muy versátil para todo tipo de instrumentos de cuerda con un afinador cromático, que son los que nos indican en qué afinación se encuentra la cuerda. Esto nos permite afinarla en la nota que queramos. También nos permite cambiar el tono patrón de afinación, que por lo general está establecido en 440Hz.

Captura de la app
Instrument Tuner

▷ **Soundcorset Afinador y Metrónomo**

Esta aplicación, de apariencia sencilla, es una de las más versátiles que podrás encontrar. Además, ofrece opciones varias con las que te quedarás con la boca abierta. Se puede usar como metrónomo y como afinador, con afinador cromático. Te permite alterar el sonido del metrónomo, el tempo, las pulsaciones fuertes y hasta te marca el tiempo del metrónomo con la linterna de tu móvil o a base de vibraciones. También cuenta con una opción para saber cuánto tiempo has estado practicando con el metrónomo, además de permitirte llevar un registro de ello. Pruébala, es gratuita y no te defraudará.

Captura de la app
Soundcorset

▷ **Metronome Beats**

Metronome Beats es ligera, visual y encantadora. Muy fácil de usar e intuitiva, sin complicaciones, y completamente gratuita. El metrónomo

es visual, en puntos de color que podemos modificar a nuestro gusto. Cuenta con una app hermana que afina tu instrumento sin problemas. Puedes modificar los pulsos sin compás y programar un temporizador que se parará cuando tú se lo pidas. Si te descargas la versión de pago puedes guardar tus ajustes preferidos del metrónomo y organizar listas con tus canciones favoritas. Una app muy recomendable.

Captura de la app
Metronome Beats

> Algunas apps también te pueden ayudar a detectar los BPM de las canciones que habéis escogido. De esta manera, después puedes practicar en tu casa con tu metrónomo sin tener que buscar a ciegas en qué BPM se mueve la pieza musical.

Herramientas *online*

▷ **Metrónomo Full Partituras**

Herramienta más fácil e intuitiva imposible. Un metrónomo simplísimo con el que marcarte el tempo y practicar. Te permite bajarle el volumen de manera independiente por si estás usando otra pestaña de tu navegador con una canción o con otro sonido. (https://metronomo.fullpartituras.com/es/)

Captura del portal web Metrónomo Full Partituras

▷ **Tuner *Online***

Herramienta también muy simple y rápida con la que puedes aprender algunos acordes, tanto para guitarra como para ukelele. Cuenta con una herramienta que te permite afinar guitarras de siete cuerdas y de doce, aunque eso también lo puedes hacer con un afinador normal. (https://tuner-online.com/es/)

Captura del portal web Tuner *Online*

La hora de la verdad: el primer ensayo

Con la lista de canciones aprendida y los instrumentos bien afinados, ahora solo queda presentarse al ensayo con la mejor de las actitudes. Intenta presentarte con antelación, no llegues tarde porque así podrás usar el tiempo que necesites para prepararte y colocar tu amplificador e instrumento como más te guste. No te olvides tampoco de **calentar**. Si te da vergüenza hacerlo delante de los demás, lo puedes hacer en casa, así ya irás medio preparado. En cuanto a las canciones, siempre es de recibo que preguntes por cuál quieren empezar, que te muestres flexible, con una actitud positiva y sin prestar demasiada atención a los fallos que cometan los demás. Recuerda que es un primer ensayo para ver si sonáis bien juntos, y que de esta decisión puede salir un grupo al que considerarás tu familia, un grupo de personas con el que pasarás muchas horas, compartirás historias, buenos y malos ratos. Son personas con las que te vas a enfadar, con las que probablemente llores o te rías hasta llorar. En definitiva, estarás escogiendo tu familia musical. Deberías hacerlo con cautela y paciencia, en el primer ensayo pocas veces se sabe algo, permítete darte o darles una segunda oportunidad si no lo ves del todo claro. Lo que ahora decidáis que será vuestro grupo puede cambiar con el tiempo, todo vendrá y todo saldrá como tenga que salir. La paciencia y la constancia serán tus mayores virtudes, no olvides practicarlas cada día.

> El *feeling* y la sensación de haber trabajado (y sonado) bien en equipo será lo que te indicará si sois aptos para formar un grupo o no. Date paciencia y constancia, tal vez tendrás que probar con muchos músicos hasta que des con los adecuados. Sobre todo, no dejes nunca de practicar con tu instrumento.

Algo que puedes hacer para **romper un poco el hielo** y hacer que todo el mundo se sienta más seguro y deje ir un poco de nerviosismo es entablar conversación antes de empezar a tocar. Si tú tomas la iniciativa, los otros probablemente te lo agradezcan para sus adentros. El **colegueo** de antes es importante para relajaros y conoceros un poco más, dado que es la primera vez que os veis. Pregúntales cómo han venido, si les ha sido difícil encontrar el sitio. Fíjate en sus instrumentos, en los pedales del guitarra, en el amplificador que traiga el bajista, en la batería y sus platos. Demostrar interés por lo que hace otra persona o cómo lo hace ayuda a que la otra persona sienta que lo que hace tiene importancia, y qué mejor ocasión para hacerles coger un poco de confianza que la primera vez que os veis. El resto, saldrá solo. Vosotros deberéis ser los jueces y decidir si sonáis bien como equipo. El primer ensayo es siempre uno de los más difíciles. Si os sale bien y sonáis bien a la primera, tal vez sea una señal muy clara. Si no, tened en cuenta que la mayoría de los primeros ensayos suele sonar mal. Cada integrante practica en su casa a su manera, con sus tiempos, en un espacio que considera seguro y libre de amenazas, sin que nadie le juzgue. Si os dais espacio y respeto, todo saldrá bien. ¡A por ello!

4

EL LOCAL DE ENSAYO, VUESTRO SANTUARIO

ENCUENTRA EL LOCAL QUE MEJOR SE ADAPTE A VOSOTROS

Cómo encontrar, distribuir y adecentar un local o sala para vuestros ensayos semanales

➲ La búsqueda del local de ensayo definitivo es siempre un punto de inflexión, sobre todo cuando se da el sí al proyecto por parte de todos, porque os permitirá establecer un lugar fijo en el que podréis evolucionar como banda y como músicos.

¡Felicidades! Si has llegado hasta aquí es que ya tienes un grupo consolidado de gente que quiere empezar un proyecto contigo. Ahora viene la hora de la verdad: el compromiso. Ya tienes grupo de música, habéis probado un par de canciones, os habéis decidido a coger el mismo camino todos juntos y adoptar un compromiso. Os gusta cómo sonáis, os habéis visto un par de veces, vivís relativamente cerca y el rock os corre por las venas. Hora de buscar vuestra sala de ensayo definitiva, donde os veréis los días que elijáis y practicaréis para convertiros en un grupo capaz de llevar a cabo vuestros conciertos. En este capítulo hablaremos sobre cómo podemos encontrar este espacio físico que necesitamos para ensayar, qué opciones tenemos en cuanto a alquiler o a compartir una sala de ensayo y cómo podemos colocar los diferentes instrumentos para sonar bien, además de la insonorización de la sala. Ya te habrás dado cuenta de que en este manual partimos siempre desde cero pero siempre puede pasar que, por ejemplo, a la hora de publicar anuncios para buscar a tus músicos, se pongan en contacto contigo personas que ya tienen un proyecto empezado y una sala de ensayo fija. Si pruebas con este grupo de personas, te sientes a gusto y finalmente te decides a unirte a ellos, créeme que te has saltado algunas de las partes más complicadas y con más quebraderos de cabeza. Es una bendición, porque te habrás ahorrado buscar la sala de ensayo, buscar personas que quieran adoptar un compromiso, comparar precios, pagar señales, negociar con el dueño, adecentar la sala, colocar los instrumentos y muchas cosas más. Es todo un trabajo previo al ensayo por el que necesariamente hay que pasar y tú te lo habrás saltado. Si tu grupo de música ya tiene una sala tal vez no necesites leerte del todo este capítulo. De todas formas, te recomiendo leerlo, ya que es posible que aprendas cosas que te sean útiles en un futuro.

Compartir, alquilar a solas o adecentar un espacio: ventajas y desventajas

Primero es necesario que nos planteemos si queremos pagar una sala de ensayo o podemos adecentar una sala o sótano al que alguno de nosotros tenga acceso y fabricarnos así nuestra propia sala de ensayo. Otra opción que existe es compartir la sala que alquilemos con otro grupo. Esta es una práctica muy común entre los grupos que no quieren o no pueden permitirse pagar el alquiler de una sala para ellos solos. De esta manera, os coordinaríais con el otro grupo para que ellos ocupen la sala los días que vosotros no la uséis. Es una opción viable, pero hay que tener en cuenta que también trae sus desventajas. Para ver todas las opciones que tenemos disponibles de una manera más visual, fíjate en esta comparativa:

Opciones para conseguir local de ensayo: ventajas y desventajas

	Ventajas	Desventajas
Adecentar sala propia, no profesional	- No gastamos dinero en el alquiler - Podemos colocarlo todo a nuestro gusto y decorarla como nos plazca - Se puede ir a todas horas(*)	- Probablemente no estará insonorizada ni tampoco sonorizada - Nos puede faltar equipamiento necesario - La localización puede ser una desventaja
Compartir un espacio profesional con otro grupo	- No hay que dedicar mucho dinero al alquiler, es una opción muy económica - Son salas que suelen estar bien equipadas y bien insonorizadas, no molestamos a nadie - La relación entre el dinero que gastamos y el espacio que tenemos es casi inmejorable	- Hay que ponerse de acuerdo con el otro grupo con los días de ensayo - Hay que gastar dinero en el alquiler, aunque no mucho - No la podemos decorar a nuestro gusto - Dependemos del otro grupo. Si se va, tenemos que buscar sustituto
Alquilar un espacio profesional para nosotros solos	- Total libertad para ir cuando nos plazca (dentro de las horas de apertura si las hubiera) - Total libertad para decorarla a nuestro gusto - Son salas que suelen estar bien equipadas y bien insonorizadas - Salas con buena sonorización - El espacio es enteramente nuestro	- La mayor desventaja es económica. Es la opción más cara de las tres - Puede requerir una fianza para cubrir posibles desperfectos, como cuando se alquila una casa o una habitación en un piso compartido

* Esto depende de la propiedad de la sala y de lo que diga el dueño.

Es el momento de la verdad. Tenemos que sentarnos los miembros del grupo y hablar, de manera sincera, abierta y honesta, sobre si estamos dispuestos entre todos a hacer una inversión económica para ensayar en condiciones en caso de no tener ninguna sala que podamos adecentar. Si uno de tus miembros tiene una casa en el campo y tocando ahí no molestáis a nadie, eso puede ser una maravilla. Os libráis de tener que pagar nada y ensayáis cuando os apetezca de manera libre y sin ataduras. Un sótano o una habitación insonorizadas en casa de alguno de vosotros también puede servir. El problema con las salas de ensayo que no se encuentran en un centro especializado es que podéis molestar. Y no, no se arregla «tocando más bajito».

El día en el que os preparéis para un concierto tenéis que estar acostumbrados a tocar alto, a escuchar al otro a través de un volumen que luego no os puede impresionar en mitad del concierto. Tenéis que saber lo que es tocar a un volumen de concierto pequeño normal, como si tocarais en una cafetería o una sala de conciertos muy pequeña. No podéis tocar siempre en acústico a menos que os consideréis un grupo en acústico. Lo más importante es que, si la batería no es electrónica, que no molestéis a los vecinos o a la gente que viva cerca con ese instrumento, que es, por regla general, el que más se oye y el que más suele molestar. De todas formas, como ya hemos dicho, las guitarras, el bajo, la voz, los teclados, la flauta travesera... todo tiene que poder tocarse a un volumen relativamente alto para prepararnos bien para los conciertos. Y para qué vamos a mentir... el rock se escucha mejor a un volumen más alto, ¿no?

Para elegir la opción que mejor se adapte a las necesidades de nuestro grupo primero tenemos que saber cuánto **espacio** necesitamos. Obviamente, no es lo mismo que nuestro grupo lo compongan cuatro personas que siete u once. El espacio tiene que ser lo suficientemente amplio como para no estar chocándose con los codos. Antes que buscar una sala de ensayo profesional y estar más apretados que en el metro, mejor ahorrar un poco y buscar una sala más espaciada. Cuando empecéis a reconocer el olor a sudor de vuestros compañeros agradeceréis este sabio consejo, y más si vuestra sala de ensayo tiene una ventana, porque el olor a persona haciendo música durante horas no es que sea del todo agradable. Por todos estos motivos y todas estas cuestiones, para tomar esta decisión, os tenéis que sentar y hablar libremente de cuánto dinero podéis o estáis dispuestos a poner cada uno, y establecer una serie de prioridades, teniendo en cuenta el equipo de cada uno y la dimensión de los amplificadores, la batería y el espacio personal que necesita cada uno. Pongámonos manos a la obra pues.

Salas de ensayo profesionales

Llamamos salas de ensayo profesionales a las salas situadas en centros especialmente preparados para que los músicos ensayen. Son salas por las que se paga un dinero por su alquiler (a veces simbólico si son de gestión pública, del Ayuntamiento por ejemplo), y puede cobrarse por horas, por días, o mediante un pago fijo al mes. Estas salas están bien insonorizadas y aunque a veces es posible que escuches a los grupos de tu alrededor, al menos no molestarás a nadie. Si no están bien insonorizadas del todo suelen colocarse en polígonos industriales lejanos a la ciudad, de modo que no molestan al resto de mortales.

La **disponibilidad** de salas de ensayo profesionales o preparadas depende de la **demanda**. Cuantos más músicos haya en tu ciudad, más demanda de salas de ensayo habrá, y por consiguiente, más afluencia de músicos y menos salas disponibles. Es todo un equilibrio que se organiza según la oferta y la demanda. Lo mejor que os podría pasar es que la escena musical estuviera lo suficientemente activa en vuestra área como para que hubiera un par de salas libres a un precio no muy elevado. ¿Y cómo podemos localizar esas salas de ensayo? Pues muy sencillo, aquí tienes varias opciones muy sencillas:

Estas opciones varían según la zona en la que queráis ensayar. Si lo queréis hacer en el centro de una ciudad con mucha vida a lo mejor os abruma la cantidad de ofertas que podéis encontrar. Sin embargo, la oferta y la demanda jugarán a vuestro favor y podréis encontrar, probablemente, alguna opción más barata de lo habitual. Ya lo hemos dicho antes, dependerá de la oferta y la demanda. Si por el contrario vivís en un pueblo, localidad o zona donde no hay mucho movimiento y menos en el ámbito musical, tal vez os es muy fácil encontrar salas de ensayo (habrá una, a lo sumo) pero el precio puede que sea más elevado. Teniendo en cuenta esta serie de factores, lo mejor que podéis hacer es elaborar una **tabla comparativa** con ventajas y desventajas que os ayude a decidir. Tenéis que tener en cuenta factores económicos pero también factores de comodidad, cercanía a vuestras casas, transporte, accesibilidad. Si alguno de vosotros es una persona con diversidad funcional, aseguraos de preguntar siempre a los dueños o responsables de las salas de ensayo si su espacio es accesible, que debería serlo.

El **precio** de las salas puede variar mucho. Dependerá de la zona en la que estén ubicadas (centro de la ciudad, en las afueras), la oferta y la demanda, la calidad de la insonorización, el estado de la moqueta y las paredes, el «caché» y su titularidad (pública o privada). Como hemos dicho antes, lo mejor que podéis hacer es elaborar una tabla comparativa si os habéis decantado por esta opción. Esta es una lista de las cosas que deberíais tener en cuenta a la hora de buscar vuestra sala:

❑ Que esté equipada con la potencia que necesitáis (dependerá del consumo y el tipo de vuestros amplificadores y equipos de voz). A tener en cuenta: los enchufes y su situación en las paredes.

❑ Que cuente con espacio suficiente para colocar la batería en un lado, alejada al menos medio metro del resto de instrumentos y con espacio suficiente para todos los platos, el bombo y la caja, y que el batería pueda estar cómodo.

❑ La ventilación, que tenga algún tipo de salida de aire. Ventana es normal que no tenga para asegurar la insonorización.

❑ La insonorización: el material de las paredes. Si son trozos de cartón o cartones de huevo, corred en dirección contraria. Si por el contrario es un material parecido al corcho o son paredes muy gruesas, eso suele ser buena señal.

❑ El precio, en relación a lo que la sala ofrece.

❑ La cercanía con respecto a vuestras casas o centros de trabajo, lo que os convenga más según las horas y los días que hayáis decidido ensayar.

❑ El estado de las paredes y la puerta. La puerta debería tener un cierre especial para asegurar la insonorización o ser doble. Si es una puerta normal... malamente, *trá trá*.

Estos son los aspectos que tenéis que tener en cuenta cuando queráis alquilar una sala de ensayo profesional o preparada para ello. Sin embargo, si os encontráis con que el precio puede ser un impedimento, hay otras opciones que podemos sopesar, como por ejemplo, compartir una sala de ensayo.

Compartir la sala de ensayo

Esta alternativa es una **opción muy viable** si el precio resulta ser un gran contratiempo a la hora de buscar vuestra sala. Como hemos visto antes, tiene varias desventajas: el espacio ya no es solo vuestro, os tenéis que ceñir a las horas que negociéis con el otro grupo y comporta un trabajo extra de buscar a los compañeros con los que compartir la sala. La batería la vais a tener que desplazar o compartir a medias, y eso no suele hacer mucha gracia a los baterías. Tendréis que colocar vuestros amplificadores del modo que os guste y puede que algún día os encontréis con cosas cambiadas de sitio, con olores que preferís no saber de dónde vienen y, en definitiva, con un espacio que han usado otros músicos que también sudan, como vosotros.

Sin embargo, si encontráis compañeros agradables, esta puede ser la única opción que ponga a vuestra disposición una sala como el gran **Hendrix** manda, con todo el espacio que habíais deseado. Si queréis, siempre podéis empezar compartiendo una sala para ver cómo funcionáis y así pagar menos, y más adelante plantearos buscar una por vuestra cuenta. A modo de iniciación en el mundo de los alquileres de salas de ensayo, puede resultar ser una buena decisión. Para compartir sala deberíais pasaros frecuentemente por los centros donde estén estas salas, porque los grupos suelen colgar carteles en los tablones de anuncios de estos sitios. Puede ser una búsqueda igual de ardua que la que tuviste que llevar a cabo cuando buscabas a tus integrantes, pero dado que os interesa esa rebaja económica, tal vez merezca la pena la espera. Por el contrario, podéis tomar vosotros la iniciativa y, cuando encontréis una sala de ensayo que os convenza, colgar carteles para compartirla y, mientras tanto, pagar el mes vosotros solos. Un mes os debería bastar para encontrar al otro grupo, y más si es una zona donde las salas son caras o hay movimiento musical. Lo mismo: pon anuncios en Internet y por las inmediaciones, pero sobre todo en los tablones de anuncios del mismo sitio. Por ahí es, seguramente, por donde te contactarán.

➲ Compartir la sala de ensayo puede ser una opción más que viable si vuestras posibilidades económicas no son muy elevadas. Es una alternativa interesante si buscáis un espacio más grande o más cerca pero sin pagar demasiado.

No te he ofrecido ningún recurso *online* para buscar salas de ensayo, ni ninguna app, porque el mejor buscador para esto es el trabajo de campo. Es decir, pisar calle y tierra. Te tendrás que pasear por tu ciudad y averiguar qué precios manejan las salas de ensayo. Puedes intentar hacerte una idea buscando por Internet, a veces tienen los precios colgados en la web, pero lo mejor es desplazarse e ir a verlos, y encontrar una sala mediante contactos. Que no os dé vergüenza. Id juntos a algún centro de locales de ensayo y pasearos por ahí. Preguntadles a los músicos que veáis por las salas y por fuera, pedidles consejo o ayuda. Por regla general, entre músicos la gente suele ser simpática. Todo el mundo ha pasado por lo que vosotros estáis pasando ahora y todo el mundo ha necesitado alguna vez ayuda o que le echen algún cable. Quién sabe, quizás hasta encontréis a alguien que os diga precisamente que busca un grupo para compartir su sala.

Diez normas básicas de convivencia para compartir un local de ensayo

Como ya hemos visto en la tabla de más atrás, compartir un local de ensayo tiene muchas ventajas a nivel económico. Estaremos usando una sala profesional, bien sonorizada e insonorizada para tocar nuestra música, y todo por un precio mucho menor del que deberíamos pagar si la sala fuera para nosotros solos. Al ser una sala compartida, incluso nos podemos permitir pagar un espacio más grande, ya que el precio lo dividimos entre todos los miembros de los dos grupos. En realidad, compartir una sala de ensayo es un chollo, pero a veces surgen algunos problemillas de convivencia que se podrían haber evitado si se hubieran seguido una serie de reglas. Seguramente hay unas normas colgadas en el tablón de anuncios, pero como los músicos a veces son un poco despistados, nadie se las ha mirado. Nosotros nos adelantaremos e iremos preparados con este decálogo de normas básicas de convivencia y de sentido común (que podéis aplicar también entre vosotros):

1. **Puntualidad.** Aunque suene a tópico, es verdad. La puntualidad no suele ser el fuerte de los músicos. Sin embargo, se deben respetar las horas que tenemos contratadas para con la sala y el grupo que ensaya antes o después de nosotros. Y no se trata tan solo de molestar a los demás con nuestra impuntualidad, es que estaremos malgastando nuestro dinero siendo menos productivos de lo que podríamos ser. Si pagamos por usar un espacio, aprovechémoslo.

2. **No tocar el material de los demás.** Por mucho que nos guste la PRS que se ha dejado el inconsciente del guitarrista del otro grupo ahí puesta, en el soporte, mejor no toquéis. Los instrumentos son sagrados y, sin permiso, no deberíamos tocarlos. No se trata de tener cuidado de que no se nos caiga o que le pase algo, sino de tenerle respeto a las pertenencias de los demás.

3. **Limpieza.** Esta suele ser una de las principales quejas cuando se comparte sala de ensayo. No seamos guarros. Dejad la sala de ensayo como os gustaría encontrarla. Tanto si coméis como si bebéis, intentad dejarlo todo lo más limpio posible, sin migas, manchas u olores. Con esto último resulta muy útil terminar el ensayo unos minutos antes y abrir la puerta un rato.

4. **Amigos, familia, allegados y parejas: con moderación.** Una visita de vez en cuando no está nada mal, pero a veces más gente significa más barullo, molestias, agobios. En definitiva, movimiento que distrae y que no nos deja concentrarnos.

5. **Cerrar la puerta.** La puerta de la sala de ensayo siempre tiene que estar cerrada. Verás que son de cierre especial, pensado para ayudar a insonorizar la sala. Aunque os muráis de calor, la puerta tiene que estar cerrada para no molestar a los demás.

6. **Cuidar también lo que no es nuestro.** Fácil: si el grupo anterior se ha dejado alguna chaqueta, baquetas, partituras y demás, lo podemos dejar a un lado para que no se estropee. Volvemos a

lo mismo de antes: mejor no tocar lo de los demás y también, por qué no, cuidar que no le pase nada.

7. **Llegar a acuerdos para la decoración.** Ya que el local es compartido, tendréis que tener en cuenta la opinión del otro grupo si queréis decorar la sala. Es mejor que, antes de colgar algún póster, comentéis con el otro grupo vuestra intención de hacerlo. Que se lo encuentren ahí colgado, de sopetón, no mola.

8. **Construir una relación sana.** A ver, que no es tan difícil: decir hola, hasta luego y gracias. Si nos encontramos con otros grupos en los pasillos, qué menos que saludar. No tenemos por qué ser los más simpáticos del edificio, pero un mínimo de educación no hace daño a nadie. Hay músicos que han tocado unos al lado de otros durante años y ni se conocen. Decid sí también a los favores: si otro grupo os pide un jack, ¡no seáis rancios! Algún día lo necesitaremos nosotros y también nos dirán que sí.

9. **Avisar de los cambios con antelación.** Si algún día no podemos ensayar por cualquier motivo, o preferimos mover el ensayo a otra hora, deberíamos avisar con antelación al otro grupo si nuestro cambio altera su horario.

10. **Respeto, empatía y deferencia.** No hace falta explicación, ¿verdad? Si tratamos a los demás con respeto, empatía y deferencia, hay muchas posibilidades de que los demás (dentro de nuestro grupo también) nos traten así. Recordad también respetar el mobiliario, todo lo que no sea vuestro, las paredes, las puertas, las máquinas expendedoras, los tablones de anuncios, etc.

La colocación de los instrumentos

Esta sección te puede servir tanto si tenéis una sala de ensayo profesional alquilada como si decidís adecentar y organizar una sala de un sótano, casa apartada, etc., aunque la colocación de los instrumentos sí que dependerá del espacio del que dispongáis en la sala de ensayo. Ante todo, quiero deciros que esta sección daría para un libro, así que intentaremos resumir los puntos más importantes y necesarios. Una de las recomendaciones básicas es que os coloquéis casi como si estuvierais sobre un **escenario**; y decimos «casi» porque darle la espalda al batería queda muy feo durante los ensayos. Una vez tengáis todas las canciones aprendidas y os estéis preparando para un concierto sí que podéis darle la espalda para practicar las señas, los inicios, etc., pero en el ensayo no lo haremos así por regla general, ¡pobrecillo el batería! Para ver cómo colocamos los instrumentos en nuestra sala de ensayo, sentaremos una base a lo que suele ser un «grupo de rock clásico». Siendo así, trabajaremos con:

▷ Batería

▷ Guitarra solista

▷ Guitarra rítmica

▷ Bajo

▷ Voz solista

O sea, cinco instrumentos. Lo primero que se debe colocar es la **batería**. ¿Por qué? Por sus dimensiones (es el instrumento más grande) y porque es el instrumento que más fuerte suena. De hecho, será nuestra referencia de volumen, porque a menos que se enchufe, no se puede modificar su volumen. Teniendo en cuenta pues, que se trata de una batería acústica, de las de toda la vida, la cosa se va a centrar en no pisarla tanto como para que no se escuche ni ella misma, ni ponernos los demás tan bajo que parezca que está la batería sola. También es necesario que no se mueva, porque con la cantidad de golpes que le damos es muy probable que se vaya desplazando. No queremos que el batería tenga que hacer piruetas para llegar a los platos; y teniendo en cuenta que la única cosa que debería deslizarse por el escenario es el guitarrista, colocaremos la batería encima de una **alfombra** lo más densa posible. Tiene que ser también lo suficientemente amplia como para que quepan también los platos. Es decir, todo el conjunto de la batería. ¿Y dónde la colocamos? Pues en una esquina o pegada a una de las paredes cuadradas, lo más alejada de la puerta posible. Esto se suele hacer así para que el batería pueda ver a todos los músicos, que es su posición natural sobre un escenario. Él está detrás, controlándolo todo. Además, es el que lleva el tempo.

⮑ Algunos baterías usan cascos con un metrónomo sonando para no perder el tempo. Es un truco muy útil porque permite dirigir al resto del grupo sin dejar de escuchar a los demás, puesto que el sonido de la música es más alto.

El resto de instrumentos, también en relación a la batería, los podemos colocar formando un **círculo**. Los amplificadores, tanto los del **bajo** como los de las **guitarras**, deberían dar la espalda a la pared, pero a una cierta distancia para dejar respirar el amplificador por detrás. Colocar los amplificadores en las esquinas o rincones de la sala suele ser positivo porque deja menos «zonas muertas» de sonido. Los músicos, y esto parece una tontería decirlo pero es necesario, tienen que colocarse delante de sus amplificadores. Si no, no habría manera de oírnos. Es decir, formamos un círculo grande con los instrumentos y la batería y dentro de ese círculo, los músicos formamos otro... menos la voz.

La **voz** necesita un trato aparte. Si nuestra sala es cuadrada, que es lo que hemos dicho en un principio, el equipo por donde sale la voz lo podéis colocar detrás del batería (para que nos pueda escuchar) y bastante elevado, para que nos llegue de manera directa y no se mezcle directamente con lo demás. También podemos colocar todos los amplificadores (incluidos los de la voz) en la pared contraria a la batería, para que el batería nos escuche mejor. Sin embargo, tened en cuenta que los cantantes necesitan un monitor que apunte hacia ellos, no que se sitúe detrás del micrófono, porque corréis el riesgo a que se **acople** el sonido. Esto es, que el sonido de los monitores de la voz vuelva a entrar por el micrófono. Si ponéis todos los amplificadores y el equipo de voz en la pared contraria a la batería, el cantante le tiene que dar la espalda necesariamente al batería. A menos que se trate de técnicos de sonido que saben lo que hacen en un concierto y con material (altavoces y micrófono) de varios miles de euros, no pongáis el cantante de espaldas a su equipo amplificador.

Para hacernos una idea de manera gráfica, aquí van los dos ejemplos de colocación de instrumentos de los que hemos hablado:

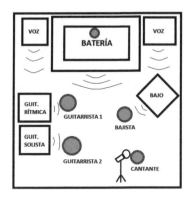

Distribución circular

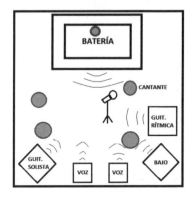

Distribución pared contraria

Estas no son las únicas formas válidas de colocar los instrumentos, altavoces y equipos de voz, ni mucho menos. Vosotros mismos deberíais experimentar distribuyendo los equipos de diferentes formas hasta que todos oigáis a los demás y a vosotros mismos; y, además, sonéis de manera compacta y no demasiado diferente a cómo sería sobre un escenario. Por eso, mi opción preferida es la primera, aunque puede sufrir algunas variaciones. Por ejemplo, tomando de base la ilustración de la izquierda, podemos colocar el amplificador del bajo mirando un poco más hacia a la batería, cerca del hi-hat, o cambiar de lado las guitarras y el bajo. Por otra parte, también sería correcto colocar el amplificador de la guitarra rítmica encima del amplificador del bajo y dejar a la guitarra solista sola a un lado. Hay muchas maneras de colocar los instrumentos, como puedes ver. Algo que también tenéis que tener en cuenta, elijáis la distribución que elijáis, es que la voz debería escucharse más que los instrumentos, ya que se trata de un instrumento **frágil** que hay que cuidar. El cantante no debería forzarse al límite para ser escuchado cada vez que tocáis una canción. Además, si la tenemos al mismo nivel de volumen que el resto de instrumentos perdemos matices tales como vibratos, rasgueos, etc.

Si navegas por Internet o pides consejo a profesionales, te recomendarán mil maneras de distribuir los instrumentos y sus altavoces y equipos a lo largo de la sala. Las recomendaciones sitúan el bajo cerca de la batería, puesto que son la base de todas las canciones y tienen que ir al unísono. Además, así agrupamos los sonidos más graves. En el caso de la ilustración de la derecha, tal vez el ampli del bajo estaría mejor situado en el **centro** de la pared, mirando a la batería. Bajo y batería tienen que poder escucharse a la perfección, aunque todo es probarlo. Por otra parte, también puede resultar positivo que levantéis los amplificadores de las guitarras y el bajo y los coloquéis a la altura de vuestras cabezas mediante sillas o banquetas, para escucharlos justo a vuestro nivel, y que os alejéis bastante de la batería y de las fuentes de sonido para escucharos mejor. El sonido tiene que viajar; y no es lo mismo escucharnos pegados a los altavoces que a una cierta distancia. Ya ves que, en efecto, podríamos dedicar todo un libro a desarrollar esta cuestión. Al menos, esperemos que con estas ideas básicas hayamos conseguido una idea general.

Adecentar un local propio

Esta es una de las **opciones más económicas**. Resultaba pues al final que tu batería tenía una casa en el campo, una sala medio insonorizada o de la que los vecinos jamás se quejan. Si es grande, está aislada, se está bien y no tiene vecinos a los que molestar, has dado con una joya. Hay grupos que han desaparecido por no tener local donde tocar, aun pudiendo pagar. Si vosotros tenéis la suerte de contar con un local propio, probablemente el músico que sea dueño de este ya sabrá cómo y dónde colocar los instrumentos, pero hablemos de ello de todas formas.

Aislamiento y absorción: conceptos básicos

Esta parte tan solo será necesaria si tu sala de ensayo no es una sala profesional o preparada ya con los materiales y el recubrimiento necesarios para que no se oiga desde fuera y sonéis bien dentro de ella. Primero de todo: **no uses cartones de huevos**. ¿Se te había ocurrido intentarlo? ¿Te lo había recomendado alguien? Si es así, dale una palmadita en la espalda. Lo único que los cartones de huevos pueden hacer en una sala de ensayo es... (redoble de tambores) guardar huevos.

Nada más. No querría chafaros la fiesta, pero no sirven para nada más. El cartón de los huevos puede mejorar la acústica interna de la sala, la absorción acústica, para que las ondas del sonido no reboten entre ellas (como mucho, y me estoy arriesgando), pero eso no es lo mismo que el aislamiento. No evitan que el ruido salga de la habitación. Para aislar una habitación de manera correcta, inevitablemente tenemos que recurrir a soluciones profesionales que, por supuesto, dependerán de la sala y los instrumentos. La ingeniería acústica requiere el trabajo y el conocimiento de profesionales. De todas formas, no te recomendaría tampoco dirigirte a ningún profesional para aislar tu sala de ensayo a menos que tengas dinero, ya que hacerlo requiere una inversión. Si estáis completamente convencidos de que vais a pasar años en vuestra sala de ensayo, que vuestro proyecto va para largo y podéis y queréis compartir los gastos, podéis intentarlo y pedir un **presupuesto**, pero es muy probable que os llevéis un susto. Con esto no quiero decir que no debáis acudir a un profesional, sino que tengáis claro que es una inversión importante.

Acondicionamiento y aislamiento acústico

Es importante no confundir **absorción acústica** con **aislamiento acústico**. La absorción acústica es la capacidad que tiene un material para convertir en calor la energía acústica que incide sobre él. Las paredes sobre las que se reflejan las ondas de sonido sin ningún material que las absorba son las que hacen que el sonido rebote y se produzcan ecos y reverberaciones (que son reflexiones múltiples de sonido). Es decir, la absorción acústica ayuda a que los sonidos se escuchen mejor dentro de la sala. Por contra, el aislamiento acústico es la capacidad que tiene un material para no dejar pasar el sonido. Es decir, para que no se escuche desde fuera. Una pared puede ser perfectamente absorbente y aislar mal a la vez. Para aislar bien tu local necesitarás una serie de materiales específicos combinados entre sí. Si quieres un buen trabajo, deberías contratar a profesionales, porque existen muchos tipos de sistemas absorbentes y aislantes. Y, por supuesto, no es lo mismo intentar aislar sonidos de alta frecuencia (una voz muy aguda o una guitarra eléctrica muy aguda) que sonidos de frecuencias graves (el sonido de vuestro bajo). Si tienes una sala de ensayo casera, tal vez el aislamiento y la absorción no serán lo que más destaque de vuestra sala, algo de lo que en un futuro os podríais preocupar cuando queráis invertir en mejorar la acústica de vuestro espacio.

Acústica

Cómo aislar y sonorizar una sala de ensayo a precio económico

En esta sección se hace necesario reiterar que aislar una sala de ensayo es un trabajo para profesionales. Los materiales y los sistemas de aislamiento que podamos explicar en un espacio tan reducido como es este libro constituyen tan solo la punta del iceberg de lo que podríamos aplicar con unos buenos conocimientos de ingeniería acústica. Sin embargo, podemos hacer uso de algunos trucos y técnicas para sonorizar e insonorizar nuestro local sin dejarnos un riñón. Si nuestro local es de alquiler, esta sección nos la podemos saltar, así como todos los dolores de cabeza que esta parte conlleva. Parece una tontería, pero el día en el que ensayes en un trastero, garaje o sala sin absolutamente nada más que vuestros instrumentos, te vas a dar cuenta de lo importante que es tener una sala bien sonorizada. (Y lo importante que va a ser para la gente que viva cerca de ti que también esté insonorizada.)

Lo primero de todo: **bajad el volumen**. Aunque parezca una broma, muchas veces los problemas de sonido se solucionan milagrosamente bajando un poco el volumen, ya que todo el mundo puede estar tocando demasiado alto. El guitarra está al lado de la batería y el estruendo que eso monta le impide escuchar su propio instrumento, así que se sube (bueno, ya aprenderás que los guitarristas siempre tienen una excusa para subir el volumen de su instrumento), el bajo nunca se oye y por eso se sube, el cantante tiene que gritar y el batería toca a todo gas.

Conclusión: todo el mundo se oye pero nadie se entiende. Por eso, aunque parezca una tontería, primero asentad los volúmenes a un nivel normal. ¿Y qué es un nivel normal? Pues uno que no sea tan alto como para tirar el edificio abajo ni tan bajo como para oír desafinar al cantante de la sala de al lado. En una sala de ensayo, menos siempre suele ser más.

Para **sonorizar** bien una sala (es decir, para escucharnos bien entre nosotros y que las ondas no reboten en exceso) primero tenemos que comprender unos cuantos conceptos básicos. Una habitación vacía no cuenta con ningún elemento que impida que las ondas de sonido reboten y creen sus consiguientes dolores de cabeza. De hecho, si alguna vez has cantado en una habitación vacía sabrás de lo que hablamos. El **eco**, que es la reflexión del sonido[1], hace acto de presencia y tú oyes cómo las ondas de sonido que tú has transmitido vuelven hacia ti, y tu voz mucho más «angelical». Así, parece que todo tiene que sonar mejor, pero créeme, no es así. Que quede claro: habitación desnuda es igual a barullo ininteligible. Para arreglar esto, tenemos que dotar las paredes de ciertos componentes que **absorban** las ondas y no las dejen rebotar, pero no del todo. Si cubriéramos la totalidad de las paredes con un material súper absorbente, no escucharíamos prácticamente nada.

➲ En algunas salas de conciertos se colocan materiales reflectores (o se omiten los materiales que absorben el sonido) detrás del grupo, para que el sonido rebote en su totalidad y se dirija hacia el público. Es una técnica para redirigir las ondas de sonido.

Uno de los remedios caseros más baratos es colocar **mantas** en las paredes, que absorban ligeramente las ondas que chocan contra ellas. Sin embargo, si podemos gastar un poco, tal vez nos conviene comprar planchas absorbentes. Se trata de una plancha cuadrada amplia con picos, hecha de un tipo de espuma. Se colocan en las paredes pero sin cubrirlas por completo, ya que es necesario que las ondas reboten ligeramente. Lo importante es evitar que haya superficies muy amplias sin cubrir. Este es un ejemplo:

1. *Física Conceptual*, Paul G. Hewitt. Pearson Educación, 2003.

Pared sonorizada con absorbers   Ejemplo de plancha absorbente

El mundo de la sonorización es muy complejo, ya que cada local cuenta con su estructura, paredes, esquinas, diferentes amplificadores y volúmenes, instrumentos, etc. Lo mejor es que te dejes asesorar por profesionales si lo quieres hacer de manera profesional. Si no, recurre a mantas, alfombras y sucedáneos para cubrir las paredes y el suelo. En este aspecto, el canal de Youtube **Zebendrums** tiene un vídeo interesante sobre los *absorbers*. En el vídeo se muestra una grabación hecha con el móvil en un local con planchas de *absorbers*, y lo compara con otra grabación, también hecha con el móvil, en el mismo local, pero sin planchas de *absorbers*. La diferencia está presente:

También puedes encontrar el vídeo buscando en Youtube:
«Absorbers – sonoriza tu local»

Insonorizar una sala de ensayo ya es algo mucho más difícil y complejo, y sí que requiere dinero. Para hacerlo de manera profesional habría que fabricar toda una habitación dentro de la habitación donde ensayamos. Es decir, se construyen unas **segundas paredes** y se eleva el suelo, fabricando otro. Sería una cosa así:

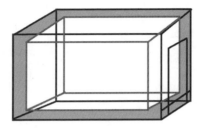

Habitación dentro de otra, para insonorización

Entre la pared y el suelo originales y las paredes y el suelo nuevas que hemos construido se coloca el material que **aísla** el sonido y que no permite que salga. Recordemos que el sonido se propaga mucho mejor a través de los elementos sólidos y líquidos que por el aire (de hecho, el aire es el peor conductor de sonido). Ese es el motivo por el que necesitamos crear una segunda habitación dentro de la primera, para que el sonido no se propague por los componentes físicos como son las paredes, el techo y el suelo. Aislar sonoramente por completo una habitación también comporta desventajas, como es el freírse de calor. En verano necesitaríamos un ventilador, eso seguro.

A modo casero hay muy pocas cosas que podamos hacer para insonorizar una sala, ya que el sonido se transmite por las paredes y el suelo. Podemos comprar una tarima para la batería que la aísle un poco del suelo, colocar el amplificador del bajo en una tarima parecida y bajar el volumen, pero poco más. La insonorización es trabajo de **profesionales** y por eso lo tenemos en cuenta como una de las ventajas más importantes de tener un local de ensayo profesional, en un edificio preparado para ello. Es una opción menos **económica**, pero, a la larga, si ahora recibimos muchas quejas de la comunidad de vecinos, puede que valga la pena.

Material extra necesario

Aparte de nuestros instrumentos, pedales, amplificadores, equipos de voz y elementos de mejora de la sonorización, hay mucho material adicional que nos iría bien tener en nuestro local para que fuera un poco más profesional y **funcional**. Aquí tienes una selección:

Atril para partituras

Distribuidor de cables con tapa

Soporte para instrumento

Almacenador de baquetas

Cables de repuesto

Caja para agrupar los pedales

¡A ensayar!

Vistos todos los puntos necesarios para encontrar y adecentar tu sala de ensayo y colocar todos los instrumentos en su sitio correctamente, ahora solo queda estrenar la sala. Una buena comida o cena puede servir de inauguración para celebrarlo y conoceros todavía más. Al fin y al cabo, acabáis de hacer una inversión juntos. Este es el inicio de algo muy importante, algo para lo que os habéis esforzado y en lo que (probablemente) habéis invertido vuestro dinero, vuestro tiempo y vuestra ilusión. ¿Qué menos que un brindis? Ahora llega la hora del compromiso. Es necesario que establezcáis una **rutina de ensayos** que os permita veros en una ventana de tiempo lo suficientemente amplia como para tener tiempo de hacer vuestra vida y aprenderos las canciones y lo suficientemente corta como para que se perciba que los ensayos tienen una continuidad. Todo esto, por supuesto, lo tenéis que haber hablado antes de buscar la sala de ensayo. Porque si no, imagínate que ahora que ya habéis pagado la señal de la sala o las primeras horas o meses, no encontráis ningún momento para coincidir todos. Sería un grave error de planificación y organización. Dado que habéis dado el paso hacia el compromiso, puede ser que algunos de vosotros tengáis que dejar cosas de lado para priorizar el grupo. Esta es una reflexión que se debe hacer a nivel individual, ya que las prioridades serán diferentes para cada uno. Lo que sí tiene que quedar claro es que se tiene que tener tiempo para practicar en casa y no venir al ensayo desde cero. En el próximo capítulo hablaremos de los mejores métodos para mantener al grupo unido y no perder ese *feeling*. Uno de estos métodos es practicar en casa y no dejar el ensayo individual de lado. ¡Pasa página!

5

EL RODAJE Y EL FEELING

PENSAR Y FUNCIONAR COMO UN EQUIPO

Cómo crear una rutina eficaz de ensayos y empezar a funcionar como un grupo de rock

⊃ El rodaje de un grupo de rock lo determina la rutina de ensayos, la práctica individual, el apoyo mutuo, el interés y el trabajo duro. Tenéis que aprender a funcionar como grupo, y para ello hay que construir una relación musical desde cero.

Si le preguntamos a alguien qué es lo que más le gusta de ver a su grupo favorito en directo, probablemente nos contestará que se trata de su presencia o espectáculo que ofrecen sobre el escenario y, como puede resultar obvio, de la música que hacen. Lo segundo es cuestión de práctica individual y colectiva. Lo primero es cuestión de rodaje. Conseguir sonar bien en directo, pasárselo bien, tocar música que hemos hecho nosotros mismos (o versiones) tiene un trabajo detrás que, ahora mismo, no nos podemos imaginar. Será con el paso del tiempo y ensayo tras ensayo que nos daremos cuenta del trabajo que hay detrás de una canción o de un espectáculo. Para conseguir tener cierta presencia sobre el escenario, saber tratar con el público y hacer buena música tenemos que ponernos a trabajar duro, y tenemos que hacerlo ya. Con nuestra flamante sala de ensayo por estrenar, ahora es hora de arrancar seriamente este proyecto.

¿Lo primero? **Ensayar**, ensayar y ensayar. Ya lo dijo Yoda, hay que hacerle caso: «si buena música tocar quieres, al ensayo faltar no debes». El rodaje como grupo solo lo conseguiréis si sonáis bien como grupo, hecho que hará que os sintáis bien interpretando vuestra música. Una cosa lleva a la otra. Sin embargo, el punto de partida reside en cada uno. Sonar bien como grupo parte de sonar bien en la esfera individual. Un fallo muy común en los grupos de rock de hoy en día que están empezando es ver la sala de ensayo como el único sitio en el que hay que ensayar. Entonces, trasladan todos sus artefactos a la sala: el guitarra deja allí todos sus pedales, sus púas, y hasta su guitarra. El bajo hace lo mismo, el batería deja ahí sus baquetas y el cantante es el único que practica, en la ducha. El único momento en el que se ensaya es el momento en el que se entra por la puerta del ensayo. Bien pues, error número uno. Si estamos pagando la sala de ensayo, es decir, si nos está costando un dinero, organizarse de esta manera que hemos comentado es pagar el doble. Si solo ensayamos dentro de la sala necesitaremos **el doble de tiempo** para preparar una canción. Vamos a ver de qué manera podemos hacer efectivo nuestro tiempo dentro de la sala para exprimirlo al máximo.

La sala de ensayo como espacio de encuentro y ejercicio grupal

La música que toquéis en la sala de ensayo tiene que ser un ejercicio grupal. ¿Qué queremos decir con esto? Que la práctica individual no tendría que tener ningún tipo de espacio. Sí, es así de radical. Al ensayo hay que venir con las canciones aprendidas. Puede que algún trozo se nos atragante y que aún no tengamos el nivel necesario para hacer ese solo que tanto nos gusta, pero al menos lo básico hay que saber manejarlo sin tener que obligar a los demás a parar la canción cada diez segundos. ¿Te lo imaginas? ¿Qué podría hacer el batería cada vez que el guitarra necesite diez minutos para aprenderse la próxima parte de la canción? Nada. ¿Y el bajista? Nada, tampoco. Ni siquiera puedes practicar en paz porque tienes el ruido de los demás. Resumiendo: usemos el tiempo del ensayo para sonar bien de manera grupal. Eso significa venir ensayado de casa en lo que concierne a cada parte o instrumento por separado. Si nos tomamos los ensayos de esta manera, conseguiremos que las canciones salgan mucho mejor y podremos avanzar más rápidamente hacia la siguiente.

Organizar la rutina de ensayos

Imagina poder tocar siete canciones en menos de cinco meses, que es más o menos el número de canciones que te suele pedir una sala de conciertos tirando a pequeña o un bar. Bien, pues es posible si seguimos este método. ¿Cómo lo podemos llevar a cabo, específicamente? Reflexionemos sobre ello. Primero de todo, es necesario que contéis con una **rutina de ensayos**. Os tenéis que poner de acuerdo sobre qué días vais a ensayar y a qué hora, específicamente. No existe una fórmula mágica que diga que si ensayáis cada tres días las canciones os van a salir a la primera y avanzaréis como un grupo profesional. Vuestra fórmula va a ser solo vuestra y puede que no le funcione a otro grupo con la misma experiencia que vosotros. Todo depende de vuestro trabajo, vuestros estudios, el tiempo libre que tengáis, lo fácil que os sea aprenderos una canción. No todo es cuestión de esfuerzo, hay personas a las que aprenderse algo les lleva más tiempo que a otras, y eso no es malo. En este aspecto tenemos que tener paciencia. Siempre que no se trate de un espacio de tiempo muy exagerado, nuestros compañeros agradecerán el no ser atosigados cada vez que no vienen al ensayo con su parte totalmente aprendida. El espacio y el respeto que les dediquemos para aprenderse las canciones a su ritmo va a ser determinante para construir algo muy, muy importante en un grupo de rock: una relación sana.

> ⟳ La rutina de ensayos será lo que determine con qué frecuencia vais a practicar música de manera conjunta. En base a ello, hay que organizarse en el plano individual e ir al ensayo con la canción lo más aprendida posible.

Lo recomendable, ahora que empezáis, podría ser ensayar una vez a la semana. Os tiene que dar tiempo, en vuestro tiempo libre, de ensayar las canciones que vayáis acordando. Por supuesto, todo esto debéis hablarlo con paciencia y teniendo en cuenta las vidas de los demás y el tiempo del que disponen, que puede ser muy diferente al que tenéis vosotros. Está claro que para formar un grupo de rock hay que tener tiempo libre para dedicar a la práctica de música, pero no vayáis a quedaros sin un buen bajista por haberlo presionado demasiado, así que, lo dicho: poneros de acuerdo para establecer una rutina. Más allá de esto, será necesario que comencéis a tocar canciones que vayan siendo un poco más difíciles. Ensayo tras ensayo, lo lógico sería que fuerais aumentando poco a poco la lista de canciones que podéis tocar, sonando bien, claro está. No se trata tan solo de saber tocarlas, sino de sonar bien juntos. Esto veréis que lo repetimos mucho en este libro. ¿Pero cómo podemos nosotros saber que estamos sonando bien? Es muy sencillo, haceros esta pregunta: ¿qué sensación se os queda después de haber tocado una canción? Exacto. Si es buena y sentís esas ganas de tocar otra, de haber salido de una especie de trance, es que estamos avanzando bien.

Formar un grupo de rock es, en definitiva, juntar personas distintas, con sus pensamientos y percepciones diversas para crear un todo. Esto puede parecer sencillo, pero a medida que vayamos conociendo a nuestros compañeros iremos viendo cuáles son sus flaquezas o puntos débiles, y sus puntos fuertes. Comenzaremos a conocerlos más allá del mundo musical. Tal vez descubres que tu cantante es muy bueno trabajando, pero que después es imposible ser amigo suyo fuera de la sala de ensayo. Esto no te tiene que preocupar demasiado. Mientras la relación avance bien dentro de la sala de ensayo, lo demás puede tener arreglo. Las personas somos diversas, somos diferentes y, si queremos llevar adelante un proyecto que funcione, tendremos que saber adaptarnos a los demás y a no recibir siempre lo que esperamos. A continuación tienes una presentación sobre cómo tendría que ser la **dinámica** desde que practicamos música en nuestra habitación o espacio hasta que construimos una canción como grupo. Es lo que ya hemos comentado con algunos matices:

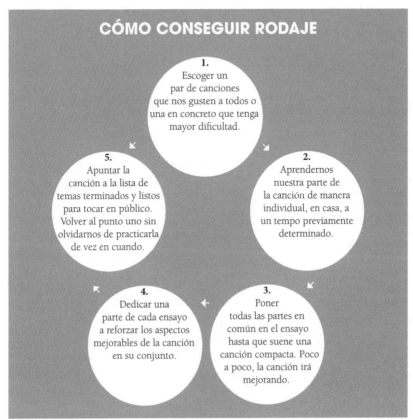

Diagrama circular de funcionamiento en los ensayos

Cronología del ensayo

Esto lo mencionaremos varias veces en este libro: los miembros del grupo tienen que venir ensayados de casa. La sala nos está costando un dinero y el tiempo que pasamos juntos lo tenemos que exprimir al máximo, así que, a la hora de organizar el ensayo en sí, entenderemos que no se tienen que practicar partes de manera individual. Todo el mundo tiene que aprenderse la canción en casa y no hacer perder tiempo a los demás, porque no estaríamos aprovechando al 100% el rato que estáis juntos en el ensayo. Dicho esto, cabría hablar ahora de cómo organizamos el ensayo en sí. Cada grupo se organiza como mejor le conviene, pero lo normal es seguir esta cronología, determinada en este caso para un ensayo de dos horas. Es decir, 120 minutos:

▷ **15'**

Los primeros quince minutos casi no suelen contar porque, entre que algunos llegan tarde y otros tienen que afinarse y colocar su pedalera, este tiempo no se suele usar para ensayar. De todas formas, si podéis llegar antes al ensayo para aprovechar al máximo el tiempo y entrar justo cuando empieza vuestra hora, mucho mejor. Si la sala de ensayo es vuestra y os podéis quedar el tiempo que queráis, usad los primeros minutos del ensayo para hablar entre vosotros, si no os veis mucho, de cómo os han ido las cosas esta semana.

▷ **15'-25'**

Dependiendo de la duración de las canciones, los primeros minutos del ensayo deberíais usarlos para **calentar todos juntos**. Antes, sin embargo, hay una regla no escrita y es que cada uno debe realizar una prueba individual con alguna canción para comprobar que el instrumento está bien afinado. Esto hace que en los primeros minutos de un ensayo solo se oiga ruido, que son los músicos tocando por separado sus instrumentos. Una vez comprobado que todo el mundo suena bien, es hora de tocar las canciones que ya nos sabemos. Si hacemos esto en cada ensayo las fortaleceremos, cada día las tocaremos mejor y, a menudo, podremos practicarlas más rápido o más despacio, con el objetivo de comprobar si tenemos controlado el tempo de la canción. Esto es más tarea del batería, así que es un buen ejercicio para él.

▷ **25'-100'**

La mayor parte del ensayo debería centrarse, como hemos dicho, en afianzar las canciones que los músicos se han aprendido por separado en sus casas. Todo el mundo conoce su parte, ahora falta trabajar en la cohesión para que el tema suene compacto. En este caso se pueden ensayar las canciones una detrás de otra, repitiendo las partes más conflictivas o difíciles de sacar. Sin embargo:

❑ Intentad no quedaros atascados en una canción. Si alguno de vosotros tiene problemas para superar una parte en concreto, practicadla unas cuantas veces, pero no lleguéis a estar hartos, porque eso puede suponer un problema, un paso atrás. A veces, si algo no sale es mejor no forzarlo. Lo intentaremos dentro de un par de canciones o en el próximo ensayo.

❑ Practicad las canciones nuevas desde el inicio hasta el final, dejando claro muy bien cuál es el tempo. **El tempo debe indicarlo casi siempre la batería**, por eso estaría bien que al principio tocara con unos auriculares que le marcaran el tempo. Puede parecer una tontería, pero aprenderéis más rápido a tocar las canciones a un ritmo adecuado.

❑ Si en algún momento veis que el ensayo no avanza, **volved al principio**. Cuando una canción se os atasca, os agobiáis, uno se equivoca y se siente culpable, otro pregunta qué pasa y no sacáis nada en claro, volved a tocar una canción que os sepáis todos, una que hayáis tocado al principio para calentar que os resulte familiar. Volver a lo cómodo, a lo que os transmite confianza porque ya lo tenéis aprendido, os ayudará a volver a coger el camino.

▷ **95'-120'**

La última parte del ensayo debería dedicarse a realizar una *jam session* y a terminar de afianzar las canciones que aún no tenemos completas. Ya hemos practicado las canciones que sabemos para después practicar las que tenemos más verdes. Al final, lo ideal es practicar canciones olvidadas, que no tocáis hace tiempo (esto lo tendréis más en cuenta cuando llevéis un par de meses ensayando y tengáis canciones en el tintero, que haga tiempo que no toquéis). Lo ideal es abrir un espacio de relajación y creatividad (son dos conceptos altamente compatibles) para desarrollar vuestra capacidad creadora como grupo. Por último, dejaos tiempo para recoger los instrumentos y la sala en sí. Agradeceréis encontrarla limpia y ordenada la próxima vez.

¿Qué hacemos si un miembro del grupo se atasca ensayo tras ensayo?

En el caso de notar, ensayo tras ensayo, que uno de los vuestros no termina de salir de un atasco o no se esfuerza, tal vez es el momento de tener una charla seria. No tiene por qué ser una charla agresiva o desagradable, eso sí. Lo más indicado tal vez sería que entable una conversación con él la persona con la que el miembro que vaya atrasado se sienta mejor, o tenga mejor relación. Tal vez se trata de puro estrés, problemas personales o una mala racha. Como hemos dicho antes, la **empatía** será una pieza clave en esta aventura, y poco podemos esperar de un grupo que se disuelve o cambia de miembros cada vez que se tropieza con una piedra. Esto es pura resolución de conflictos: existe una infinidad de maneras de resolver problemas, solo que ninguna es la correcta siempre. Evitar hablar del problema, algo que solemos hacer todos y en especial las personas más introvertidas, es algo que no suele funcionar. Si el conflicto se va a resolver por sí solo, bueno, puede que resulte ser una buena manera de dejar que el río vuelva a su cauce, pero no suele ser lo habitual.

Si después de adoptar una postura de paciencia y comprensión veis que la cosa no mejora, tal vez sea el momento de plantearse la **continuidad** de vuestro miembro en el grupo. En tal caso, tiene que ser una decisión consensuada y bien pensada, dadle las vueltas que sean necesarias. Una persona que antes funcionaba y después ya no funciona es una persona que ha experimentado un cambio. Tal vez, averiguando qué es lo que ha cambiado, conseguimos que esta persona vuelva a recuperar la ilusión y las ganas. Una persona que funcionó de manera pasable al principio y después no evoluciona favorablemente, tal vez es un músico que no os conviene tener en el equipo. En todo caso, la primera vía que debe agotarse es la del diálogo. Lo que no puede ser es que ese músico se encuentre con que no ha tenido ninguna segunda oportunidad. Las personas fallamos, tenemos vida personal más allá del grupo y las malas rachas existen y son reales. Lo que hoy le pasa a nuestro compañero, más adelante nos puede pasar a nosotros. Lo mismo, una y otra vez: empatía. Un grupo que no cuida a sus miembros tiene pocas posibilidades de sobrevivir. Agotad la vía del **diálogo** entre los que tengáis más confianza y analizad si sería mejor hablar con él fuera del ensayo y en un espacio en el que él se sienta seguro.

Prescindir de un miembro: volver juntos al principio

En el caso de tener que prescindir de él, la decisión debería ser **unánime**. La expulsión de un miembro parece que no, pero es un bajón. Encontrar un reemplazo os podría llevar meses e incluso ser el motivo por el cual vuestro grupo dejara de existir. Puede parecer un panorama desolador, pero es algo que hay que tener en cuenta, puesto que es la cruda realidad y nos puede pasar. Si tenemos todo esto en mente y afrontamos los cambios como un equipo (los que quedemos, claro) tendréis más posibilidades de salir ilesos de este marrón. Tened claro pues que sería como volver al punto uno, pero con una sala de ensayo y un miembro menos, con las **consecuencias económicas** que esto pueda acarrear. Volvemos a la época de colgar carteles, de usar el boca a boca para que nuestro mensaje de búsqueda llegue más lejos y volvemos otra vez a las audiciones, solo que esta vez ya tenemos varios miembros. Es importante que a la persona nueva que entre le deis espacio y tiempo para aprenderse las canciones. Tal vez es hora de introducir una persona algo más experimentada que vosotros. Se aprendería las canciones rápido y podría manejar mejor la situación. Todo tiene sus ventajas y desventajas. Analizad la situación como equipo y escoged lo que consideréis que favorecerá más vuestro proyecto colectivo.

Establecer objetivos

Dejando de lado el escabroso tema de tener que prescindir de un compañero, es hora de hablar sobre cómo ir hacia delante, cómo avanzar como grupo de rock. Ha llegado el momento de hablar de nuestros objetivos. Vuestro grupo de rock tiene que ir en una dirección determinada. Si solo queremos quedar los sábados con nuestros compañeros para tocar un par de canciones y pasarlo bien, eso está perfecto, pero lo tiene que tener claro todo el mundo. Lo que no puede pasar es que de repente no sepamos en qué punto de nuestro proyecto nos encontramos. Puede haber discrepancias (las habrá, créeme), pero si se ven venir, mucho mejor. No es lo mismo tocar por diversión que hacerlo para que nos vean en cuantos más escenarios posibles mejor. No es lo mismo un grupo de versiones que toca en los hoteles y en fiestas para generar una actividad económica resolutiva que apuntar con ambición hacia el cielo. Esto hay que tenerlo muy claro. Por este motivo es importante comunicarse y expresar en voz alta qué se espera del proyecto con tal de ir todos a una y que nadie se lleve decepciones.

El grupo de rock como diversión

Hay personas que deciden hacer música como diversión (sin grabar maquetas, sin esperar grabar un disco, vender muchas copias, ser famosas, que las reconozcan por la calle, que les pidan autógrafos), música enfocada a escapar de la realidad un par de días, enfocada enteramente a **disfrutar**. Esta decisión puede no ser la que buscas, o tal vez prefieras ir haciendo y ver qué te depara el futuro y ya después averiguar hacia qué lado vira el grupo. Aun así, la opción de tocar solo por el disfrute la escogen muchas personas que ven la música como un bálsamo, algo más que un pasatiempos, una compañera de vida que ha estado ahí en los mejores y en los peores momentos. Esta decisión tiene que ser siempre **unánime** porque todos los integrantes tienen el derecho a saber hacia qué dirección va el grupo, ya que forman parte de él de manera igualitaria. En el caso de que toquéis por diversión, seréis vosotros mismos los jueces de vuestro proyecto, los que decidiréis su continuidad y su viraje. Esto no descarta que podáis hacer conciertos en bares pequeños, en fiestas y restaurantes. De hecho, es una manera muy bonita y cercana de interaccionar con la gente.

El grupo de rock como proyecto de vida

Si te has comprado este libro es muy probable que busques formar un grupo de rock que quede para la posteridad. ¿A quién no le gustaría viajar por el mundo ofreciendo conciertos en un país distinto cada semana con los compañeros y ser recordado? ¿No sería un **sueño hecho realidad**? Imagina que os contratan para tocar en vivo en diferentes partes del mundo, conocéis gente y lugares nuevos y tocáis delante de gente que ama vuestra música, que se ha comprado la entrada a propósito para veros. Ese es un regalo limitado a unos pocos, teniendo en cuenta los miles y miles de grupos de rock que existen en el mundo.

Todo esto está muy bien siempre y cuando (volvemos a lo mismo) todos los integrantes del grupo tienen claro hacia dónde estamos avanzando. Convertir el grupo de rock, los ensayos y los conciertos, en una prioridad, va a requerir sacrificios que más de una vez nos llevarán a discusiones y malentendidos. Será en esos casos cuando descubriremos el grado de implicación de cada uno, aunque no siempre se trata de una cuestión de voluntad. El mundo de la música no destaca por ser boyante, no se gana mucho dinero a menos que seas muy conocido. De todas formas, el objetivo de este manual es llegar a hacer conciertos, llegar a tocar en vivo. Como comentamos en la introducción, el éxito es siempre subjetivo y resulta muy difícil medirlo porque depende de la opinión y expectativas de cada uno de los miembros del grupo. Para uno de vosotros, el hecho de mantener una rutina y hacer música todas las semanas puede ser perfectamente sinónimo de éxito. Otros seguramente tengáis más inquietudes y **queráis llegar más allá**. Esto también es completamente aceptable.

Concierto de Shape

El salto a la fama no es fácil

Si queréis llegar a tocar en escenarios mucho más grandes que las salas de conciertos medianas de vuestro país, os tendréis que esforzar mucho. Hay muchísimos grupos intentando hacer lo mismo que vosotros, así que habrá que trabajar duro y con decisión. Para ello podríais analizar, por ejemplo, qué salas de conciertos son las más importantes en vuestra ciudad. Tenéis que saber a qué aspiráis y desde dónde podéis partir. Por otra parte, también tenéis que estar muy presentes en las redes sociales, tema que trataremos en algunos capítulos más adelante. La clave muchas veces es la suerte, como ganar un concurso para tocar en un pequeño festival, desde el que podéis empezar a escalar. La cuestión es estar en el sitio adecuado en el momento adecuado, sin contar todo el esfuerzo y trabajo que habrá detrás de vuestra música, que tiene que contar con un mínimo de calidad. También tendréis que tener especial cuidado a vuestra comunidad de fans, por muy pequeña que sea al principio. Es verdad que se puede convertir en una tarea pesada, pero al final la recompensa aparece.

En definitiva, el ascenso no va a ser fácil. Tocar en los locales pequeños de vuestra ciudad es algo asumible para cualquier grupo, siempre que el miedo escénico no sea un impedimento grave a la hora de presentarse ante los demás. Por otra parte, llegar a tocar en salas más grandes, que ya cuentan con algo más de reconocimiento, va a requerir de una presentación adecuada para los dueños de la sala, con nuestras canciones, fotos de últimos conciertos, alguna que otra recomendación... a esta presentación se la llama porfolio, y se puede entregar tanto en formato digital como en formato mixto: digital y escrito. De esto también hablaremos más adelante. Para lo que nos ocupa ahora, lo importante se puede resumir en tres factores principales:

❏ Necesitamos seriedad y constancia en los ensayos. Tienen que ser enteramente productivos y dedicarse totalmente a mejorar las canciones que tenemos en marcha, sin olvidar las canciones que ya tenemos.

❏ Tenemos que centrarnos en explotar nuestras fortalezas al máximo para empezar a pensar en hacer conciertos una vez tengamos una base sólida de canciones.

❏ Es necesario que empecemos a asistir a conciertos juntos para empezar a coger ideas y apuntar cosas que nos gusten y que podamos aplicar a los nuestros.

Funcionar como un grupo cohesionado

Hacer buena música no basta. Si encima del escenario no nos sentimos como un equipo, como una familia, la audiencia se dará cuenta, y eso puede afectar tanto a la conexión con nuestro público como a nuestro rendimiento a lo largo de los conciertos. Si te fijas, estamos empezando a dejar de hablar de ensayos y a hablar de **conciertos**. Nos tenemos que empezar a mentalizar ya de la meta que estamos persiguiendo: tocar en directo. Sin embargo, mucho antes de subirnos a un escenario tenemos que sentirnos, vernos y tratarnos como una familia. Por ello, en este apartado hablaremos sobre cómo fomentar el trabajo en equipo y empezar a funcionar como uno.

Cómo fomentar el trabajo en equipo

Las estrategias para aprender a trabajar en equipo son varias y siempre varían según el profesional de la comunicación interna que consultes. De hecho, conseguir trabajar como un equipo, de manera coordinada, eficiente y rápida, es una de las principales preocupaciones de cualquier empresa que quiera prosperar. Es de cajón: si los empleados se ven como una familia, tanto entre ellos como con la empresa, colaborarán y estarán más contentos, harán mejor su trabajo y asumirán antes las metas de la empresa. Cosas tan básicas como mantener un ambiente positivo entre todos, escuchar las inquietudes de los demás y realizar tareas en equipo nos ayudarán a construir una relación sana y a prosperar como grupo de personas en un mismo camino con un mismo objetivo. Como todos los grupos y las personas son diferentes, lo ideal sería que las **pautas** y los **objetivos** se establecieran y asumieran al principio, cuando nos hemos conocido hace poco. Esto debería ser así porque hay algunos hábitos que resulta muy difícil cambiar una vez llevan una larga trayectoria. Si dejamos que el bajista y el batería bromeen durante 20 minutos a cada inicio del ensayo al principio, luego va a ser un poco complicado decirles que se pongan a trabajar. No se trata de decirlo mal o bien, sino de no cambiar ahora hábitos que se podrían haber cambiado antes. Las cosas dichas a tiempo nos pueden ahorrar conflictos futuros.

Una vez hemos cogido confianza y ya nos conocemos más entre nosotros, podemos llevar a cabo una lluvia de ideas sobre cómo podemos fomentar el trabajo en equipo. ¿Y por qué hacemos esto? Porque es importante decidir las cosas entre todos, que todo el mundo se sienta incluido en las decisiones y porque las **lluvias de ideas** siempre otorgan la oportunidad de escuchar y poner en común conceptos y planteamientos que de otra manera tal vez no hubieran salido. A continuación tenéis un ejemplo de lluvia de ideas:

Lluvia de ideas para mejorar el trabajo en equipo

El trabajo en equipo se practica en el día a día: escuchando y respetando a los demás y haciendo cosas juntos para conocernos en distintos aspectos y situaciones de la vida. Hay grupos, sin embargo, que tienen una opinión distinta a todo esto y prefieren verse tan solo en la sala de ensayo. No trabajan necesariamente la amistad fuera del local. Esta también es una opción válida, pero es una manera de ver las cosas que, para otros, deshumaniza a los demás y nos hace tener una idea equivocada de nuestros compañeros. Tal vez nos daremos cuenta más rápidamente si nuestro compañero está mosqueado, preocupado, consternado o feliz. Se trata de abrirnos un poco a los miembros de nuestra familia musical, que si la fortuna y el esfuerzo así lo quieren, pasarán mucho tiempo a nuestro lado. Específicamente, realizar actividades de manera grupal es algo que ayuda mucho a aprender a trabajar en equipo. Suena muy obvio, pero a veces nos olvidamos de ello y nos vemos tan solo en los ensayos, nada más.

Actividades grupales

Las actividades grupales son la gasolina perfecta para conocer mejor a los integrantes de nuestro grupo de rock. Por qué no aprovechamos los intereses que tenemos en común y empezamos a decirnos cosas que no sean «súbeme el volumen, por favor», «¿te acuerdas de la quinta canción?» o «uf, qué calor hace aquí». Nos llevaremos muchas sorpresas. Las tareas colectivas sacan la personalidad de la gente fuera, enseña a veces nuestra mejor y peor cara y nos ayuda a trabajar aspectos tan importantes como la empatía, la comprensión, el entendimiento, la complicidad y la colaboración. Los intereses de cada uno se convierten así en los intereses del grupo como un todo. Sabréis qué significan vuestras caras, vuestras sonrisas y vuestras muecas; reconoceréis si un integrante se ha perdido durante una canción (no solo por lo mal que está sonando, sino por la expresión de su cara), entenderéis el lenguaje corporal del batería, que puede que esté más cansado de lo normal, etc. Son tantos los **beneficios** de las actividades grupales que podríamos estar hablando de ello mucho más allá que estos cortos párrafos. Dicho esto, aquí tenéis una **lista de actividades grupales** que podéis llevar a cabo entre todos:

▷ Ir a un concierto juntos
▷ Ver un concierto en la televisión, en casa de uno de los integrantes y a todo volumen
▷ Hacer excursiones o colonias que conlleven compartir un espacio
▷ Hacer una *escape room*
▷ Haceros regalos de amigo invisible
▷ Hablar de la familia y las amistades de nuestros compañeros

▷ Conocer los pasatiempos de los demás y compartirlos si nos apetece

▷ Realizar un deporte de equipo que conlleve coordinación

▷ Ir a la piscina, pasar un día de playa

▷ Salir por la noche juntos de vez en cuando

▷ Ir a tomar algo y jugar a juegos de mesa

▷ Compartir algún secreto menor o experiencia de vida graciosa

▷ Crear una tradición: cada dos viernes vamos a las *jam session* del centro cultural

▷ Asistir a charlas y conferencias musicales

▷ Haceros una foto juntos y colgarla en la sala de ensayo

Como ves, puedes hacer muchas cosas con tu grupo de rock, no solo os tenéis que limitar a hacer música. Veros fuera de la sala de ensayo, generalmente, comporta muchas más ventajas que desventajas. Hagamos cosas juntos para conocernos, aceptarnos tal y como somos y saber tratarnos según las circunstancias.

El nombre del grupo

Una de las tareas más ilusionantes es encontrar un nombre para nuestro grupo. Esta decisión tan importante la colocamos aquí, en el capítulo del rodaje y el *feeling,* porque representa la expresión máxima de confianza y acuerdo en las etapas iniciales de un grupo de música. Es un momento que tal vez no percibiremos como mágico, pero es muy probable que lo recordemos toda la vida. Fue el momento en el que decidisteis cómo un conjunto de palabras representaba lo que hacíais. En este punto es cuando alguien dice: «bueno, ¿y los grupos que se llaman **Los Toreros Muertos**, **Papa Roach** o **Primus**, qué?». Ay, ya llegó el aguafiestas. Por supuesto que estos nombres pueden considerarse graciosos, pero resultan igualmente representativos, contundentes y válidos. En el fondo, todo comunica, hasta nuestro nombre. Pensemos que va a ser lo primero que escuchen de nosotros los dueños de los locales donde queramos ir a tocar una vez nos presentemos. «Hola, somos Pepito de los Palotes». Eso crea una impresión y es algo que vamos a estar repitiendo y oyendo muchas veces a lo largo de nuestra carrera musical si nuestro grupo prospera, así que, indudablemente, será un momento para recordar. Hasta puede que nos lo pregunten en alguna entrevista.

➲ Existen páginas muy graciosas y útiles en Internet que con un número determinado de palabras generan un nombre para tu grupo de rock. Una de ellas es www.rocksonico.com/nombre-de-tu-banda. Las risas, al menos, están aseguradas.

En este punto no vamos a hablar de consejos, ni de cosas bien hechas o mal hechas. El nombre del grupo llega cuando llega, y eso no se puede forzar. Lo único que tenemos que tener en cuenta es que, una vez estemos listos para tocar en público, nos tendremos que presentar de alguna manera. En ese instante vendría bien tener ya el nombre del grupo pensado. Este es el único consejo que os podéis llevar de esta sección. Si os cuesta decidiros, siempre podéis escribir con letra grande las propuestas de los integrantes y colgarlas en la sala de ensayo. Quizás algún día os sintáis cómodos con alguno de estos nombres. Esto es tan solo una idea que os puede ayudar. Como ya hemos dicho, el nombre saldrá. Por eso no te preocupes. Será a partir de una experiencia, a partir de un mote, una invención de uno de vosotros, una historia o una circunstancia especial. Una vez lo tengáis (eso lo hablaremos en el capítulo de aspectos legales), lo que sí deberíais hacer es registrarlo. Mientras este momento llega, centrémonos ahora en otras cuestiones. ¡Pasa página!

6

ESCRIBIR CANCIONES PROPIAS

DE LAS VERSIONES A LA IDEA PERSONAL

Cómo dejar las *covers* atrás y empezar a usar nuestra creatividad en beneficio de nuestro grupo

➲ Después de conseguir dominar una lista aceptable de versiones, el siguiente paso es componer nuestras propias canciones. Aprenderemos a construir una canción, pieza por pieza, de la manera más sencilla y directa posible.

Hacer un grupo de versiones no está nada mal. De hecho, en temporada hotelera, de bodas y otro tipo de eventos, los grupos de versiones de rock tienen mucho trabajo. Si esta es una de vuestras metas, casi la habéis conseguido, porque a partir de aquí solo se trata de incrementar vuestra lista de *covers* y empezar a poneros en contacto con salas de conciertos pequeñas o bares, para más tarde dar el salto a las empresas que os contraten como profesionales. Sin embargo, si os pica la curiosidad y tenéis ganas de que algún día vuestra música la conozca alguien más que vuestra gente cercana, ha llegado la hora de componer. Construir una canción desde cero no es tarea fácil, de hecho habrá canciones que necesiten muchísimo más trabajo que otras, pero existen metodologías simples para empezar a componer. En este capítulo aprenderemos algunas de ellas y estableceremos la que mejor nos funcione a nosotros, también teniendo en cuenta la personalidad y la manera de trabajar de los músicos que conforman nuestro grupo de rock.

Vuestra mejor aliada: la grabadora

Por lo general, es normal que a nuestro cantante o vocalista se le ocurran letras en vez de melodías, a la hora de empezar a escribir un canción. Todo lo contrario se puede decir del guitarra: lo más probable es que un día aparezca con un conjunto de acordes o un punteo que se le ocurrió en la pausa de la práctica diaria. La estrategia de composición tiene que basarse en otorgar espacio creativo a todos los miembros del grupo, y dejar que se expresen a su manera. Lo más común, o lo que más suele pasar, porque es la manera más fácil, es empezar a componer una canción utilizando de base una melodía o ritmo que se le haya ocurrido a alguno de los miembros. Es decir, el guitarra aparece un día en el ensayo diciendo que se le ha ocurrido una melodía, y los demás escuchan. En este momento, muchos músicos se olvidan de algo muy importante: **la grabadora**. Siempre que se lleva a cabo una *jam session* o un momento de experimentación e improvisación hay que sacar la grabadora (sí, la del móvil sirve). ¡La de veces que hemos compuesto algo precioso y después no nos hemos acordado de qué puñetas hemos hecho! Con la tontería, podemos estar seguros de que se han perdido millones de composiciones inigualables. Por eso, punto importante y grabado a fuego: saca la grabadora, no vaya a ser que alguien componga el próximo *Show Must Go On* y ni os enteréis. En realidad, no es mala idea grabar directamente todo el ensayo porque, a veces, esos momentos no vienen anunciados y no puedes estar soltando tu instrumento en un momento de éxtasis y composición libre para encender la grabadora del móvil. Como ya hemos dicho, existen muchas maneras de componer una canción desde una hoja en blanco. Nosotros nos centraremos en las más sencillas para hacerlo más fácil, teniendo en cuenta que estáis empezando, así que... ¡manos a la obra!

Metodologías para componer una canción

Vamos a afrontar esta etapa sin tener en cuenta posibles conocimientos teóricos previos como, por ejemplo, escribir música usando lenguaje musical. Si en nuestro grupo hay algún músico que no domina el lenguaje musical, tenemos que considerar que se nos va a hacer complicado trabajar con partituras y conocimientos teóricos que no todos compartimos. Por eso, y porque es un lenguaje que todo el mundo puede entender en los primeros cinco minutos de verlo, trabajaremos con programas que transcriban **tablaturas**. Una tablatura es la representación gráfica de las notas que tienes que tocar en tu instrumento. Es la representación visual por excelencia más fácil a la hora de componer.

Partitura para batería

Esto de aquí arriba que parece un idioma aparte es una partitura o tablatura para batería. Las tablaturas para bajo y guitarra son las más fáciles de leer, mientras que para la batería tienes que aprenderte exactamente qué significan las representaciones que ves en la imagen. La *x* que ves en las líneas de arriba representa el hi-hat, mientras que la negra que se encuentra abajo del todo (en el último espacio entre dos líneas) es el bombo. Esto es así porque los platos, en la batería, se representan con una equis, mientras que los tambores se representan con una negra o negrita. Si quieres aprender más acerca de las tablaturas para batería, con una simple búsqueda por Internet podrás encontrar una lista de lo que significa cada símbolo. Lo mismo para las guitarras, pero más fácil:

en las tablaturas de guitarra y bajo, cada línea del pentagrama simboliza una cuerda. Lo bueno de las tablaturas es que te dice exactamente qué nota tienes que tocar (mediante un número, que se identifica con el traste) y en qué cuerda. Es decir, no hace falta saber teoría musical para escribir canciones si usamos tablaturas. Uno de los programas que podéis usar más adelante cuando empecéis a escribir vuestras propias canciones es **MuseScore**, muy útil para pasaros música entre vosotros. Para entrar ya en materia, hablaremos de las tres maneras más sencillas para componer una canción de rock:

1. Desde la intención o temática
2. Desde una melodía madre
3. A partir de otra canción

⮑ La mayoría de veces las tres metodologías de las que hablamos aquí no funcionan por sí solas, sino que se alternan y se alimentan entre sí. Las desgranaremos y las explicaremos paso a paso, ahora que ya tenemos soltura tocando versiones.

Escribir una canción desde la intención o temática

La metodología de las *jam sessions*. Esta manera de escribir canciones es útil cuando a ninguno de vosotros se os ocurre una melodía desde la que partir, que es lo que se suele hacer. Podéis usarla siempre que no tengáis ideas o siempre que tengáis ganas de tocar porque sí, a ver qué sale. Escogéis una intención o una temática en relación a la música que queréis hacer y empezáis a tocar con esa idea en la cabeza. Estos parámetros dependerán mucho de lo que queráis conseguir con vuestra canción. ¿Vuestra intención es hacer bailar a la gente en los conciertos? Deberíais empezar probando melodías alegres, movidas, rápidas. Si lo que preferís es empezar con una balada, el guitarra debería empezar probando con acordes menores (que suelen ser tristes) y ver a ver qué sale.

Una *jam session* es muy, muy útil en estos casos. No tenéis ninguna melodía por la que empezar y decidís tocar juntos un rato para ver qué sale. De vuestras emociones, de lo que ya sabéis tocar y de lo que vaya saliendo en consonancia con lo que toquen los demás, saldrá una melodía o ritmo y, a partir de ahí, ya podemos empezar a darle forma a nuestra canción. Todos los ritmos y melodías que vayan saliendo deberían ser grabados. Volvemos a lo mismo de antes: activemos la grabadora, sobre todo si estamos tocando todos de manera libre sin seguir un patrón concreto. De esta forma no nos perderemos nada de nada. Un truco que podéis usar, si no se os ocurre nada, es recurrir a una experiencia personal vuestra. Podéis intentar hacer música que hable de algo que os haya pasado, compartiéndolo antes con el grupo. Si explicamos una historia con un significado específico a los demás, ellos nos pueden ayudar a convertir en música todo lo que esa experiencia evoca. El trabajo en equipo suele tener buenos resultados, así que intentadlo si os quedáis sin ideas.

Escribir una canción desde una melodía madre

Esta es una de las metodologías que más se usan para escribir canciones. Lo único malo que tiene es que depende de la creatividad de los músicos y eso es algo que, si no hemos compuesto antes, nos puede costar adquirir. Salvando esta pequeña dificultad, el resto solo son facilidades. Se trata de construir una canción a partir de una melodía ya hecha que alguien traiga al ensayo o nos pase por Internet en forma de tablatura. Cuanto más sencilla sea la melodía, más fácil será que nos la aprendamos, la interioricemos y, lo más importante, nos enganche. Seguro que la mayoría de canciones rock que se te puedan ocurrir ahora mismo pueden ser reducidas a una pequeña melodía del estribillo. O, dicho de otra manera, con un simple tarareo corto que evoque el estribillo de la canción o la parte más repetitiva podemos adivinar de qué canción se trata.

Imaginemos que nuestro guitarra trae a la sala de ensayo una serie de cuatro acordes que se le han ocurrido y que suenan bien juntos. Lo más probable es que esa sucesión de acordes ya exista, pero no lo que nosotros haremos encima. A la práctica, lo que tendríais que hacer en el ensayo es pedirle al guitarra que toque la sucesión de cuatro acordes y vosotros intentar hacer algo encima. Esto se puede hacer tanto desde casa como en el ensayo. Encima de esos cuatro acordes, el cantante puede cerrar los ojos y pensar en lo que le evoca esa melodía. ¿Es tristeza? ¿Es melancolía? ¿Energía, potencia, dinamismo? Entonces puede intentar cantar cualquier cosa encima de esa melodía, como palabras en inglés aleatorias y tratar de que casen. Este ejercicio lo puede hacer tanto en su cabeza como en voz alta. El bajo puede preguntarle al guitarra qué acordes son los que ha usado, y así utilizar él la nota dominante de cada acorde para tocarla en su bajo. El batería tendría que hacer casi lo mismo: escoger un ritmo sencillo y practicar encima de la melodía del guitarra para tratar de otorgarle sentido, estructura. Al fin y al cabo, junto al bajo, la batería suele ser **la base de una canción**, en la que los músicos se apoyan para no perder el tempo. Si tenéis un buen batería no tendréis problemas de atraso o adelanto en el ritmo de una canción. Eso es importante para los conciertos.

Bajo eléctrico en concierto

Escribir una canción a partir de otra canción

Este es un método muy divertido, se trata de jugar con una canción que ya conocemos para crear otra completamente nueva. Algunos ejemplos son: empezar a tocar una canción que ya sabemos y seguirla después de que acabe con lo que nos salga, cambiar la letra de una canción por otra que hagamos nosotros y después cambiarle la melodía para ajustarla, etc. Puedes hacer cualquier cosa que se te ocurra con una canción que ya existe. ¿Por qué no ibas a usar una canción ya hecha para sacar una tuya personal? No se trata de copiar, sino de dejar que la inspiración fluya a través de las ideas de otros. Esto ya lo hemos dicho, es muy improbable que alguien sepa hacer música sin haber escuchado otras melodías, canciones, letras e instrumentos antes. Todo es inspiración e influencias, así que utilicemos la música de los demás para crear la nuestra propia y, desde ahí, esforcémonos en conseguir nuestro propio estilo. Si somos seguidores de **Led Zeppelin** (normal, son uno de los mejores grupos de la historia de la música) y nos gustaría sonar como ellos o tener un aire que recuerde a ellos, podemos intentar tocar «The Ocean» (no es demasiado complicada) alargando el riff de guitarra o cambiando la batería. También se puede cortar la canción a la mitad y seguir tocando lo que viene después pero con algunas variaciones. ¿Y si aceleráis el ritmo de la canción al máximo posible, o lo ralentizáis como si se tratara de una balada? ¡Jugad con lo que ya conocéis y cread nueva música!

La estructura de una canción de rock

Vale, estas ideas están muy bien, pero ¿cómo se escribe una canción de rock a efectos prácticos? Si nos centramos en las canciones más básicas de este género, veremos que lo normal es que estén escritas en cuatro por cuatro. ¿Y qué significa eso? Pues aquí viene una de las pocas clases teóricas pero sencillas que tendrás que soportar en este libro.

La mayoría de canciones rock (no hemos conducido ningún estudio a nivel mundial, pero nos aventuraríamos a decir que son la gran mayoría) están escritas en cuatro por cuatro. En una partitura, lo verás escrito al inicio (fíjate en la flecha). «You Shook Me All Night Long», de **AC/DC**, es una canción en cuatro por cuatro. ¿Y qué significa esto? Pues en vez de explicarte aquí por escrito lo que comporta este compás, te recomiendo un vídeo del youtuber **Jaime Altozano**, que se dedica a la divulgación de conocimientos musicales aplicados a la vida diaria. Lo tienes en este código QR:

Si buscas «Jaime Altozano compás» en Youtube, también lo encontrarás.

Las canciones escritas en 4/4 son canciones agradables al oído. Son canciones que suenan de una manera muy pautada, en bloques de cuatro tiempos o pulsos que podemos dividir sin demasiados problemas. Se trata de una estructura fácilmente reconocible y fácil de seguir. Por eso la mayoría de canciones rock, y sobre todo las de pop-rock, suelen ser de este estilo. ¿Por qué no haces la prueba e intentas averiguar si las *covers* o versiones que tocáis están efectivamente en cuatro por cuatro? Para ello, como te explica Jaime, primero deberás encontrarle el pulso a la canción, mirar si la puedes dividir en golpes. A continuación, buscas cuándo se acentúa el pulso y dónde se vuelve a repetir. Cuando tengas cuatro tiempos o pulsos donde quepa lo equivalente a cuatro negritas, estarás seguro de que es un 4/4. Así, leído, puede que no se entienda mucho, por eso te recomiendo el vídeo de Jaime Altozano y, de hecho, todo su canal. Jaime se esfuerza mucho por hacer contenido de calidad, novedoso e interesante. En su canal encontrarás cosas tan interesantes como tutoriales de armonía y acordes, puzzles rítmicos, y muchas cosas más. Hasta te enseña cómo hacer una canción con autotune en menos que canta un gallo.

Vale, me parece estupendo, ¿pero cómo estructuro yo esto? Bueno, lo primero que tenemos que saber es que componer no es una tarea fácil y que se requiere mucha paciencia. Una de las estructuras más usadas es esta, aunque la duración, sucesión y repetición de las partes pueden variar ampliamente:

1. Entrada/verso
2. Estribillo
3. Verso 2

4. Estribillo
5. Puente o *bridge*
6. Estribillo
7. Final[2]

Tomemos como ejemplo la canción «Time Is Running Out», del grupo **Muse**. Esta es la división, según la letra, por partes. Ponedla, si queréis, de fondo, para apreciar mejor los cambios entre partes:

(INTRO BAJO)

I think I'm drowning, asphyxiated
I want to break the spell that you've created
You're something beautiful, a contradiction
I want to play the game, I want the friction

VERSO 1: TE PREPARO POCO A POCO

You will be the death of me
Yeah, you will be the death of me

BRIDGE 1: PREPÁRATE

Bury it
I won't let you bury it
I won't let you smother it
I won't let you murder it

PRE-ESTRIBILLO: ¡QUE VIENE EL ESTRIBILLO!

Our time is running out
And our time is running out
You can't push it underground
We can't stop it screaming out

ESTRIBILLO: ¡BOOM!

I wanted freedom, but I'm restricted
I tried to give you up, but I'm addicted
Now that you know I'm trapped, sense of elation
You'll never dream of breaking this fixation

VERSO 1: HOLA SOY YO OTRA VEZ PERO CON OTRA LETRA

You will squeeze the life out of me

BRIDGE 1: ¡VUELVO A SER YO, PREPÁRATE!

2. *Produce y distribuye tu música online.* Aina Ramis. Redbook Ediciones, Barcelona 2019.

Bury it   PRE-ESTRIBILLO:
I won't let you bury it   ¡QUE VIENE EL
I won't let you smother it   ESTRIBILLO OTRA
I won't let you murder it   VEZ!

Our time is running out   ESTRIBILLO:
And our time is running out   ¡WOHOOO!
You can't push it underground
We can't stop it screaming out
How did it come to this? Uhuhu
(*Frase nueva que te introduce una parte
instrumental)

You will suck the life out of me   BRIDGE 1: ¡OTRA
                                    VEZ!

Bury it   PRE-ESTRIBILLO:
I won't let you bury it   ¿QUÉ VIENE
I won't let you smother it   AHORA? ¡EL
I won't let you murder it   ESTRIBILLO!

Our time is running out   ESTRIBILLO
And our time is running out   FINAL: BOMBAZO
You can't push it underground
We can't stop it screaming out
How did it come to this

Esta es una canción de rock en 4/4 simple pero muy enérgica, muy potente, muy cañera. Te levanta de la silla los días malos y es una muy buena canción también para empezar a tocar versiones. Que no se enfade ningún fan de **Muse** por haber dicho que es simple: a efectos prácticos, no es ninguna composición de **Hans Zimmer**, a eso me refiero, ¡que nadie entre en pánico! Muse tiene muy buenas canciones que podéis investigar. La voz requiere lo suyo y el resto de instrumentos no son moco de pavo, pero por lo general son canciones que se pueden aprender cuando ya llevamos cierto rodaje.

Dicho esto, podemos ver claramente que la estructura de una canción no es un laberinto. Tiene partes claramente diferenciadas. El estribillo es muy fácil de identificar, suele ser la parte central de una canción y la que más se suele repetir: el corazón de la canción. Suele llevar también en él el nombre del tema y es lo que tarareamos inconscientemente cuando nos acordamos de una canción, porque también resulta ser la parte más pegadiza. El solo (esta canción tiene pero, pasa un poco desapercibido) suele estar hacia el final, cuando ya han pasado dos estribillos, y antes de la parte final, que es, normalmente, la que tiene más fuerza. Los versos suelen ser las letras que después son diferentes, preceden al estribillo y contienen la parte de letra que te cuenta la historia, por así decirlo. Por último, tenemos los puentes o *bridge*, que sirven para unir partes entre sí. Se pueden repetir y cambiar, puedes hacer lo que quieras con ellos. Cualquier canción que hayáis empezado a componer, ya sea a partir de una melodía o a través de otras metodologías, casi seguro que es una canción 4/4 y seguro que tiene una composición parecida a esta.

Esta estructura que tenéis aquí arriba la podéis variar a vuestro gusto para tratar de hacer llegar la música de la mejor manera que vosotros consideréis, tanto si queréis mandar un mensaje como tocar con tranquilidad, o las dos cosas a la vez. A continuación tenéis otro ejemplo, del grupo español **Barón Rojo**, con su canción «Los Rockeros Van Al Infierno»:

Se oye comentar a las gentes del lugar Los rockeros no son buenos Si no te portas bien Te echarás pronto a perder Y caerás en el infierno	VERSO 1
Si has de vivir en el valle del rock Te alcanzará la maldición Nunca tendrás reputación ¿Qué más da? ¡Mi rollo es el rock!	ESTRIBILLO
Vas sin afeitar, dice el "sheriff" del lugar Y además con "tías" buenas Dicen que fumar es pecado y es mortal Y al infierno me condenan	VERSO 2

Si he de escoger entre ellos y el rock
Elegiré mi perdición
Sé que al final tendré razón   ESTRIBILLO
¡Y ellos no!
¡Mi rollo es el rock!

(SOLO)

Qué risa me da esa falsa humanidad   VERSO 2
De los que se dicen buenos
No perdonarán mi pecado original
De ser joven y rockero

Si he de escoger entre ellos y el Rock
Elegiré mi perdición
Sé que al final tendré razón   ESTRIBILLO
¡Y ellos no!
¡Mi rollo es el rock!

Esta es una de las canciones más sencillas y en 4/4 que se pueden encontrar en el mundo del rock español. Consta de versos, estribillos y solos, no hay más. Su estructura es muy sencilla y claramente podéis identificar que es una canción cuadrada, en 4/4, muy marcada en el ritmo y con un riff de guitarra que se repite durante toda la canción. Si todavía no lo tenéis claro con estos dos ejemplos y os encontráis un poco atascados, aquí tenéis dos ejercicios prácticos muy rentables para escribir canciones de rock desde cero. No os olvidéis de las metodologías de las que hemos hablado, puesto que las podréis combinar con estos ejercicios.

Ejercicios prácticos para escribir canciones de rock

Aquí tienes dos pequeños trucos que os pueden servir cuando vuestra **creatividad** se haya tomado unas vacaciones. Son muy sencillos y los podéis practicar casi todos los miembros del grupo. El objetivo es trasladar al papel letras interesantes y conseguir melodías que puedan inspirar a todos a crear algo a partir de ellas:

La sucesión de cuatro acordes

Este truco es para guitarra, pero puede extrapolarse al bajo y al piano. Consiste en tocar cuatro acordes con la guitarra que suenen bien juntos y repetirlos tantas veces como necesites. Una combinación histórica que funciona muy bien desde hace décadas es: Sol Mayor, Mi Menor, Do Mayor y Re Mayor. Dibujados en este orden son estos, aunque tu guitarra ya los conoce:

   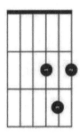

Si tenéis teclista, mientras el guitarra toca estos acordes, él puede tocar la nota predominante de cada uno, o tocarlos al unísono con él. Cuando empecéis a tocar y a probar cosas, os daréis cuenta de que es fácil crear algo nuevo si se parte de un inicio sencillo. El objetivo de este truco es llegar a crear una canción a partir de una sucesión de acordes fácil y que suena muy bien. Veréis que es totalmente asumible. Y nadie te puede decir que has copiado esos acordes, porque todo el mundo los usa, en ese orden y en otro distinto. Esta progresión de acordes la usan los **Cranberries** en «Zombie», «No Woman No Cry» de **Bob Marley**, «Cadillac Solitario» de **Loquillo**, «Demons» de **Imagine Dragons** y muchísimas, muchísimas más.

> Lo bueno: Si le quieres añadir el La Menor, por ejemplo, podrías tocar «Knocking On Heaven's Door» al estilo que quieras, el de los **Guns N' Roses** o **Bob Dylan**. Lo mejor es que tu guitarrista vaya probando una sucesión de cuatro acordes y que los demás vayáis practicando encima. Esta es una de las más usadas, pero se puede inventar la que sea, siempre que os suene bien. Si prefiere tocar un arpegio (tocar las

cuerdas por separado, una detrás de otra), también se puede hacer. De hecho, el principio de «Knocking On Heaven's Door» en la versión de los **Guns N' Roses** es un arpegio.

Contar una experiencia o historia personal

Este es un truco que os puede servir a todos, aunque los que más suelen sacar provecho de ello son los cantantes; sin embargo, cualquier miembro del grupo puede aportar en cuanto a letras y melodías. Se trata de escribir una historia que puede ser divertida, triste, obscena. No tiene por qué tratarse de algo trascendental, puede describir un simple viaje en autobús. Una canción divertida que te puede servir de ejemplo es «Dogs Like Socks», de **Psychostick**. Es decir, «a los perros les gustan los calcetines». Cuando la escuches, entenderás de qué te hablo.

Si por el contrario, queréis escribir, cantar o tocar sobre algo más trascendental, podéis escuchar «Panick Attack», de **Dream Theater**. Narra lo que siente una persona durante un ataque de pánico. Forma parte del disco *Octavarium*. Aunque Dream Theater se escape un poco del rock convencional (es metal progresivo), te recomiendo que le des una oportunidad a este disco. ¿Otro ejemplo? «Welcome To The Jungle», que según Axel (cantante de los **Guns N' Roses**) es lo que le dijeron cuando llegó al barrio del Bronx de Nueva York. «Bienvenido a la jungla». Llevar un cuaderno contigo puede ser una táctica muy útil para apuntarte las ideas que te vayan saliendo. Y digo cuaderno, y no móvil, porque más adelante ese cuaderno con tus esbozos puede convertirse en un recuerdo muy bonito.

▶ Lo bueno: puedes escribir sobre cualquier cosa. Tu imaginación será tu tope, y créeme que os pueden salir canciones con letras muy variopintas. Después de escribir las letras de lo que quieras explicar, intenta dotarlas de un sentido y una estructura, como hemos visto antes con Muse. Si las agrupas por partes ya tienes algo más sobre lo que trabajar. Ahora, solo te faltaría la melodía.

En Youtube hay muchos rockeros que explican cómo componen ellos las canciones. Tienes desde vídeos más sencillos hasta vídeos totalmente técnicos en los que profundizar tu técnica, ya sea de batería, guitarra, voz, bajo y muchos instrumentos más. Si eres guitarrista te recomiendo que sigas en Youtube el canal ChachiGuitar, que cuenta con muchos vídeos interesantes, entre los que se encuentra este de composición blues/rock:

Lo podrás encontrar también buscando en Youtube:
«Composición blues/rock para tus canciones con lo último de The Black Keys».

Este vídeo es algo técnico y tal vez tengas algunas dificultades si no entiendes de control pentatónico. Si quieres aprender más, los chicos de ChachiGuitar ofrecen un curso muy útil por un precio muy modesto, bajo este link: chachiguitar.com/producto/control-pentatonico-por-estilos/

Fotograma de un vídeo de ChachiGuitar.
Ignacio y Javier son muy simpáticos y conectan muy bien con su audiencia

Por otro lado tenemos los sabios consejos de Iván González, que te enseña en este vídeo cómo componer canciones con cuatro acordes mágicos. Viene a ser lo mismo que hemos hablado en el apartado anterior, pero aquí lo tienes de forma más didáctica y visual. Además, te proporciona las herramientas necesarias para que entiendas cómo componer con otros acordes.

Fotograma de un vídeo de ChordHouse.
Iván González se explica con gran claridad, perfecto para principiantes

Puedes encontrar su vídeo aquí:

También si buscas en Youtube: «La fórmula del éxito en la música | 4 acordes para tocar... ¿casi todo? 1/2»

Apps para compositores

Aunque parezca mentira: sí, se puede componer con el móvil. Y en realidad, facilita mucho las cosas. Se trata de aplicaciones en las que puedes grabar tus riffs de guitarra y pequeñas composiciones, ya sea de manera directa con el micrófono de tu móvil o de manera manual, usando la pantalla y los instrumentos que te proporciona la aplicación. Estas aplicaciones son especialmente útiles si se te ocurre un ritmo o una melodía en un lugar donde no dispones de tu instrumento: por la calle, en el transporte público. No es tan fácil llevar la batería encima, ¿verdad?

WalkBand

WalkBand es tan sencilla de usar que da gusto usarla. Componer en ella es muy fácil, es muy intuitiva y la variedad de instrumentos que ofrece dentro de cada grupo general es muy grande. Te permite usar el metrónomo mientras tocas y hasta grabar con sintetizadores. Contiene anuncios, pero si pagas 4,99$ desaparecerán. Para que entiendas de una manera más visual cómo funciona, aquí puedes ver cómo se organiza la composición en los dos modos que ofrece la batería. Puedes grabar tocando con los dedos una batería de verdad o en modo TouchPad, donde cada símbolo representa una parte de la batería:

Captura de la aplicación WalkBand
con la batería lista para grabar

Captura de la aplicación WalkBand
en el modo batería TouchPad

ScoreCreator

Aplicación directa al grano, simple pero eficaz: te permite componer en un pentagrama normal con las notas que tú le indiques, no tiene más. Eso sí, puedes enviarte las canciones por correo electrónico para no perderlas. Esta aplicación sirve más para melodías que se te vayan ocurriendo. Las puedes apuntar en el pentagrama y más tarde trasladarlas al ensayo o transformarlas en una canción con sentido cuando llegues a casa. También puedes mandar tus ideas a los miembros de tu grupo. Es una app más técnica porque está basada en el pentagrama:

Captura de la app ScoreCreator, pantalla de Inicio

Captura de la app ScoreCreator, pantalla con una canción creada por nosotros titulada «Rock'n'Roll For Life»

BandLab

Proclamada la reina de las aplicaciones de composición, BandLab se podría considerar una red social. Como con las otras aplicaciones, puedes grabar lo que quieras, con el micrófono o con un MIDI (a través de teclas físicas en tu móvil) y exportarlo y compartirlo, también dentro de la aplicación con otros miembros de la comunidad. Puedes seguir a los perfiles que quieras y escuchar su música, dependiendo de si la han guardado en una lista privada o pública. Las canciones se agrupan por proyectos para los que puedes contar con «inspiración»: la aplicación te proporciona ritmos personalizados, según el estilo que quieras tocar, para que las ideas te lleguen solas. Te permite además crear bandas *online*, a las que otros miembros se pueden unir. Merece la pena que te la descargues aunque solo sea para echarle un vistazo.

Captura de la app BandLab, pantalla de inicio

Captura de la app BandLab, en el menú para invitar miembros a tu banda

El clima para componer es personal

Componer no es tarea fácil y, además, es algo personal que requiere cierto clima o contexto. Ahora explicaremos el porqué. Cuando componemos música trasladamos a la melodía, letra o pieza una parte de nosotros. Esto puede resultar muy fácil para algunos músicos. Observarás que algún miembro de tu grupo puede componer mientras está con los demás, mientras tocáis todos juntos: se inventa una melodía y la sigue, el batería se pone a tocar encima y ya tenéis una mini pieza para pasar por escrito y grabar para que no se os olvide. Sin embargo, hay otras personas que necesitan la calma y quietud de su espacio personal, y es normal. No lo hemos hablado en los trucos, pero uno de los más efectivos es tener nuestro propio **espacio personal, libre de presiones**, y tocar música según nos salga, así de simple. Empezar por una melodía simple de caja, descargar la energía del día con el doble bombo y acabar por sacar un ritmo muy enérgico; escribir en la cama antes de dormir, cantar en el coche, en la ducha; tocar la guitarra después de una discusión, después de una alegría. La vida, en su día a día, nos brinda muchas oportunidades para componer. Tenemos que aprender a conocernos y saber cuándo estamos más accesibles, más predispuestos, a modo personal, para componer. Y eso pasa por realizar una tarea de autoconocimiento musical. La teoría es sencilla: hay que ir probando hasta encontrar el momento oportuno. Algunos días podrás componer gracias a las experiencias que hayas vivido; otros, a partir de tu estado de ánimo. Intenta tomártelo con calma y no seas muy exigente contigo mismo. Esfuérzate, pero con cabeza. La música acabará saliendo. Y si ves que componer no es lo tuyo, y te gusta mucho retocar canciones de los demás para darles tu toque personal, eso también es un don a la altura de la composición. ¡Ánimo y adelante!

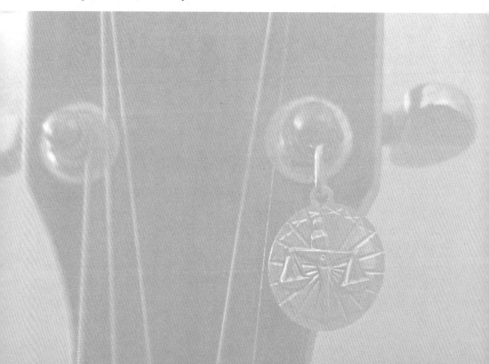

7

ASPECTOS LEGALES

LOS ENTRESIJOS LEGALES A LA HORA DE DAR UN CONCIERTO

Cómo facturar por un concierto sin tener problemas con los organismos de control

➲ Si queremos saber manejarnos en el mundo de la música necesitamos inevitablemente unas nociones básicas de derecho para saber qué podemos y qué no podemos hacer, cuáles son nuestros derechos y obligaciones y cómo hacer las cosas bien cuando nos paguen por actuar.

Cuando se dice que sí a un concierto y el local asegura que os van a pagar, cuando una administración pública os quiere contratar para tocar en las fiestas del pueblo, cuando milagrosamente os dicen que no pasa nada si no emitís una factura... en todas estas situaciones mundanas, del día a día de un músico, os estáis involucrando en cuestiones legales. Además, por pura e irremediable ignorancia, hasta es posible que estéis actuando mal, fuera de los márgenes de la ley. Si os vais a dedicar a la música y queréis trabajar de manera legal, es necesario que conozcáis vuestros derechos y vuestros deberes, qué podéis y qué no podéis hacer. En este capítulo hablaremos de las cuestiones legales básicas que os conciernen como miembros del gremio musical, principalmente a la hora de facturar por los conciertos que demos (¡aleluya, nos pagan!).

El pago por un concierto esconde algunas dificultades y obligaciones, tanto por parte de los dueños del local como por parte del músico, que la mayoría de grupos noveles desconoce. Que nos digan que nos van a pagar por hacer algo que nos gusta, por ofrecer música a una audiencia que además gastará un dinero para vernos, es todo un honor, mas conlleva una serie de obligaciones que si no cumplimos nos pueden acarrear muchos problemas. A menudo, la primera vez que un músico se interesa por las cuestiones legales referentes a su profesión es porque ha tenido algún problema y se ha visto obligado a recurrir a un abogado. Aunque eso sea lo mejor que podáis hacer el día que se os presente un dilema legal, también sería preciso que tuvierais unos conocimientos mínimos para, al menos, no meter la pata de manera descomunal nada más empezar vuestro proyecto. A priori, los músicos que están empezando normalmente cobran los conciertos fuera de la ley. Es decir, no emiten factura ninguna, no están dados de alta como autónomos y no son conscientes de que una inspección de trabajo les puede arruinar la noche. Esto no es lo habitual, hay muchos más conciertos tranquilos y en paz que conciertos vigilados por los organismos competentes, pero eso no nos exime de hacer las cosas bien.

Seguro que a estas alturas ya se os han ocurrido un par de dudas: ¿tenemos que declarar a Hacienda nuestros ingresos si nos pagan por un concierto? ¿Es legal que nos paguen si somos menores de edad? Si ganamos un concurso seguramente nos hagan firmar un contrato. ¿A quién podemos dirigirnos para ver si todo está en orden? ¡No sabemos nada de cuestiones legales! Bien, no os preocupéis, trataremos todas las cuestiones de manera que este campo no sea más un misterio indescifrable para vosotros. ¡Empecemos!

Cómo cobrar correctamente por un concierto

Primer paso: las cosas, claras. Cuando la persona responsable de un local o administración pública os diga que os va a pagar por vuestra actuación, os tiene que dejar clara una serie de cosas: ¿cuánto se va a cobrar? ¿Cuándo? ¿Se va a cobrar por músico o por la actuación en general, y luego repartimos? ¿Obtendremos un porcentaje de la taquilla y/o de la barra (es decir, la venta de bebidas)? Todo esto siempre se tiene que recibir **por escrito, con una firma y con la fecha**, de manera que se pueda identificar quién lo ha escrito y cuándo. Lo más probable es que no os paguen nada hasta que llevéis unos cuantos conciertos. Cuando ya hayáis tocado en un par de salas podréis presentar un porfolio más consistente y, gracias a ello, podréis hablar también de precios de contratación. Es decir, que os paguen.

Entre músicos y dueños de locales, **los acuerdos suelen ser de palabra**, porque nos fiamos del otro. No suele haber malas sensaciones o desencuentros gratuitos porque las noticias corren rápido. Si un grupo no cumple con las condiciones o un local se porta realmente mal con un grupo, al día siguiente lo puede saber la mayoría de compañeros del gremio. Los músicos hablan entre ellos en las salas de ensayo y se recomiendan locales entre sí. Lo mismo puede pasar con las salas de conciertos, y más a nivel local. Nadie quiere empezar una disputa porque sí, pero si las cosas no están por escrito... entonces después todo son «cosas que dijimos» y «cosas que se quedaron en el aire». Está claro que si todo va bien, no pasa nada, pero si alguna cosa se tuerce no tenemos ninguna prueba. Vamos al lío.

> ⟳ Los acuerdos entre sala y grupo, y más si estáis empezando, suelen ser de palabra. «Te doy la mitad de la caja, el concierto empieza a las 23:00h y puedes montar a las 20:00h». Acostumbrémonos a pedir las cosas por escrito, aunque sea en un simple e-mail.

Hay muchas formas de cobrar por un concierto. Por regla general, los músicos que cobran por su trabajo, tanto en España, Colombia, Perú, o México, por ejemplo, son trabajadores contratados por una empresa o autónomos. Esto último esconde una triste realidad, y es que es una manera muy sacrificada de vivir si no tienes unos ingresos asegurados. El trabajo de músico es muy precario. Todos hemos recibido esa mirada de pánico cuando hemos respondido «quiero ser músico» a la pregunta «¿qué quieres ser de mayor?». Vaya, el niño (o la niña) quiere ser músico. Menuda faena. En este apartado veremos por qué ser músico es un trabajo tan sacrificado, y es que, en gran parte, eso se debe a su condición de autónomos. **A los músicos se les obliga, por regla general, a convertirse en autónomos para cobrar.** Que no cunda el pánico: ser autónomo no es nada malo en sí, el problema son las condiciones. De hecho, ser autónomo comporta hacerte cargo tú mismo de tu negocio, hecho que conlleva una cierta libertad. Pese a estas ventajas, si el negocio no va muy bien o estás empezando, muchas veces no se trata de un camino de rosas. Por supuesto, estamos hablando de pequeños músicos que viven como pueden de los conciertos y actuaciones, no de grandes estrellas de la industria musical.

Según Luis Navarro, Secretario General del Sindicato Profesional de Músicos Españoles (SPME), los dueños de los locales de ocio «se aprovechan bastante de su posición» y les acarrean con los gastos de la seguridad social y el IRPF[3]. ¿Qué significa esto? Pues que la sala debería contratarte y darte de baja para tu actuación, pero prefiere que seas tú el que pague los impuestos y por eso te exige ser autónomo. Vosotros sois a los que contrata (repetimos, como autónomos) para realizar una actuación, pagando así vosotros los impuestos que iban a pagar ellos. Esto lo hacen las salas de conciertos, hoteles y restaurantes. Otra opción, la más común de todas entre los bares pequeños y los grupos noveles, es no hacer ninguna mención a los impuestos y pagar directamente al grupo. Esto es lo que se conoce como cobrar fuera de los márgenes de la ley, porque ha habido una actividad económica de la que no se han pagado los impuestos correspondientes. Desgraciadamente, como ya hemos dicho, **esto es muchas veces lo habitual: pagar a la banda en metálico sin hablar de impuestos.** Y pasa en todos los países de América Latina y España, sin distinciones. Como no les queda otra y la sala se encuentra en una posición dominante (o aceptas o no hay concierto) los músicos toleran toda clase de acuerdos que en realidad son negativos para ellos: no firmar ningún contrato, que les paguen muy poco, etc. Por eso el hecho de ser artista, entre otros factores, siempre se ve como una profesión de riesgo.

---

3. Reportaje autonomosyemprendedor.es 16/05/2019.

Las promotoras o empresas

Una de las opciones más cómodas cuando empezamos es trabajar contratados por una **promotora o empresa**. Las empresas os contratan como músicos y vosotros no os tenéis que preocupar por nada más. Normalmente, esta contratación se lleva a cabo a través de vuestro agente, representante o mánager, que se encargaría de salvaguardar vuestros intereses, pero si no lo tenéis podéis hacerlo vosotros directamente. Las empresas os hacen una oferta de trabajo como cualquier otra y juntos firmáis un contrato por el que os comprometéis a llevar a cabo una serie de actuaciones. Ellas os promocionan (de ahí el nombre de las promotoras) y son las que se ponen en contacto con las salas de ocio y salas de conciertos, ofreciendo vuestro espectáculo. Es decir, os tienen en nómina y pagan los impuestos correspondientes. Negocian las condiciones y os informan de dónde y cuándo tenéis que tocar. Eso resulta ser «cómodo» si no queréis dolores de cabeza. De todas formas, siempre es recomendable la presencia de un abogado o representante cualificado en las reuniones con promotoras porque los músicos no tienen por qué entender los términos legales. Tenéis que entender el contrato que tenéis delante y tenéis que saber lo que firmáis, y leerlo todo de arriba abajo. Las promotoras se suelen fijar en músicos que ya tienen una pequeña trayectoria, que ya han realizado un par de conciertos y parece que apuntan alto. Si asistís a festivales, ganáis concursos y hacéis conciertos a menudo, tal vez alguna promotora se fije en vosotros y os haga una oferta. Por eso, como veremos en el último capítulo, es muy importante estar vivos en la escena musical.

El Salario Mínimo Interprofesional: el caso en el limbo de España

En España existe un acuerdo no escrito que dice que si vuestras actuaciones son esporádicas y lo que cobráis (en el cómputo total) no supera el Salario Mínimo Interprofesional (conocido como SMI) y no se trata de una actividad económica habitual (es decir, un concierto solo) no tenéis que daros de alta como autónomos. Es decir, no hace falta que coticéis. Si ser músicos no es vuestra actividad habitual, estáis estudiando o tenéis otros trabajos y hacéis algún concierto de manera irregular, esta norma no escrita dice que **no hace falta que os deis de alta como autónomos**. Pero ¿por qué decimos eso de «norma no escrita»? Jurídicamente, un abogado tiene la obligación de informarte de que esta práctica es arriesgada, ya que en realidad no existe ninguna mención a ello en la Ley General de Seguridad Social. Aun así, sí que existe una jurisprudencia al respeto. Esto quiere decir que ha habido una serie de sentencias (decisiones) previas en las que los tribunales han dado la razón a aquellos abogados que lo han sabido argumentar: como sus clientes no llegaban al SMI no deberían pagar las cotizaciones de autónomo a la Seguridad Social, ya que les saldría a pagar y, por lo tanto, no tendría sentido hacer el concierto. Si un abogado os tuviera que defender porque Hacienda os pilla sin haber pagado los impuestos que corresponderían, intentaría usar la jurisprudencia al respecto, pero el fallo podría ser tanto negativo como positivo. Por eso es materia gris, un limbo en el que, jurídicamente, no se os puede aconsejar que lo hagáis así[4]. A efectos prácticos y dadas las circunstancias, la mayoría de grupos españoles jóvenes, tristemente, no pagan impuestos y se exponen a que les llegue un embargo de Hacienda, pidiendo responsabilidades, porque lo que hace Hacienda es lo siguiente: primero os embarga el dinero de la cuenta, y después ya recurriréis. No darse de alta como autónomo y cobrar fuera de los márgenes de la ley, además, conlleva una serie de desventajas adicionales, y es que no estamos cotizando. Por lo tanto, no estamos acumulando «tiempo de trabajo» que luego se traducirá en el derecho a una pensión, por ejemplo. De todas maneras, muchos músicos se arriesgan y no facturan esgrimiendo este argumento del SMI. Como son cantidades pequeñas, la mayoría de las veces Hacienda no los persigue o no se da ni cuenta, y por ello actúan de esta manera, aunque sigue siendo dudosa.

Si aún no te has llevado las manos a la cabeza, enhorabuena, porque ahora hablaremos de las maneras de cobrar correctamente por un concierto. En términos legales, las cosas no están fáciles para los músicos, y menos para aquellos que no han escuchado la palabra «factura» en su vida dada su corta trayectoria musical. El problema la mayoría de las veces (por no decir «todas las veces») es la falta de información y conocimientos legales. La educación pública, en sus materias comunes, no

---

4. Opinión profesional de José Ángel Soria, de Lawyou, consultado expresamente para la redacción de este manual.

contempla el enseñar a la juventud cómo gestionar asuntos legales. Muchas veces ni los más sencillos. Por eso los jóvenes que empiezan a hacer música se ven atrapados a menudo en una espiral de problemas que no vieron venir en ningún momento, porque se pensaban que estaban haciendo las cosas bien. No tenían ni idea de que una inspección de trabajo podía hacer que la noche tan fabulosa que pasaron dando un concierto se pudiera transformar en una pesadilla. De todas formas, dejemos el debate de la educación de lado y centrémonos: ¿cómo podemos cobrar por un concierto sin que los organismos competentes nos toquen a la puerta?

Formas correctas de cobrar por un concierto

Imagina que una sala de conciertos importante se interesa por vosotros porque le habéis llamado la atención después de haber estado cultivando vuestras redes sociales al máximo; o que de repente un Ayuntamiento os llama para tocar en las fiestas del pueblo, o un festival os llama para que seáis los teloneros de otra banda más importante. ¿Y ahora qué? Pues tanto si residís en España como en América Latina, tenéis estas dos opciones:

❏ Que os contraten como **empleados** de la promotora del espectáculo u os contrate una empresa (es decir, os dan de alta y os pagan una nómina). Os darían de alta en el Régimen Especial de Artistas.

❏ Que os pidan una **factura**, por lo que tendréis que estar dados de alta en Hacienda, ser **autónomos**, formar una empresa o tramitar la factura a través de una cooperativa.

La primera opción es muy sencilla: os convertís en trabajadores de la promotora, la empresa o el local, siempre que el local os pueda contratar como tal (existen una serie de condiciones, pero eso es preocupación suya, no vuestra). Vosotros no os tenéis que preocupar por nada más que tocar, porque la empresa paga los impuestos que le corresponde. A vosotros os llega una nómina y listo. Lo único que hace la empresa es darnos de alta en el Régimen Especial de Artistas, que permite ser contratado por horas o por días, y ya está. Lo difícil es la segunda opción, que seguramente es a la que os tengáis que enfrentar si queréis vivir de la música.

Tanto en América Latina como en España, lo que se hace normalmente si os dedicáis a la música es haceros autónomos. Después de recibir peticiones de facturas una detrás de la otra y obviar la ley (esto es ilegal pero parece ser lo «habitual») parece que no queda otro remedio que hacerse autónomo y hacer las cosas bien, porque un día nos puede llegar un buen saludo en forma de pago atrasado y con recargo. La cuota de autónomo varía según el país, y las condiciones también. De lo que tenemos que tener cuidado, residamos donde residamos, es de no convertirnos en **falsos autónomos.** Si una sala nos pide que toquemos todos los jueves por la noche, es muy obvio que estamos trabajando para alguien de manera continua, asidua. Por lo tanto, por regla general, deberían pagarnos una nómina mediante un contrato, y no hacernos pagar a nosotros los impuestos todas las veces que trabajamos ahí, porque realmente no estamos siendo autónomos, sino que estamos trabajando para una empresa todos los jueves.

Si te interesa el tema, visita la página web de los simpáticos abogados de Sympathy For The Lawyer, que tienen una guía sobre cómo facturar como autónomos en España:

También lo puedes encontrar bajo estos links:
sympathyforthelawyer.com/2017/07/27/facturar-conciertos-actuaciones-artisticas-iva-alta-autonomos-irpf/

sympathyforthelawyer.com/2019/01/10/como-aplicar-el-iva-del-10-en-facturas-de-musicos-y-artistas-que-pasa-con-las-sl/

Los músicos que recurren a esta fórmula suelen tener a veces gente a su cargo como empleados: técnicos de sonido, el mánager, ayudantes, etc. Por eso, a la hora de dirigirse a una promotora o sala, se organizan como una empresa. Esto significa que la entidad que los contrata en realidad está contratando a una empresa, hecho que se convierte en una relación comercial. Esta parte es un poco más enrevesada porque supone crear una empresa de la nada.

Las cooperativas de facturación son **asociaciones de personas que se unen para llevar a cabo una serie de actividades** que, si se hicieran de manera individual, resultarían menos provechosas o más complicadas. Las cooperativas las forman personas con unos mismos intereses y no solo existen en el ámbito musical. Los músicos se hacen socios de dicha cooperativa mediante un pago, y ella se encarga de emitir la factura para la empresa en cuestión a nombre de los músicos. Es decir, actuaría como una entidad encargada de emitir facturas a cambio de una cantidad. Las cooperativas son útiles para los músicos a los que no les compensa ser autónomos a causa del poco trabajo que tienen. Lo que sí podemos hacer en este caso es **crear una cooperativa nosotros** para facturar nuestros conciertos, posibilidad de la que hablamos más adelante.

> ▶ Cuidado: en algunos países, los límites de las cooperativas que se ofrecen a una cantidad indeterminada de músicos no están del todo claros. En España hubo un caso muy significativo que trascendió a los medios de comunicación durante meses porque los miembros de una cooperativa empezaron a recibir cartas de Hacienda exigiendo que pagaran la cuota de autónomos. En este sentido, los abogados advierten de que se podría estar incurriendo en un fraude de ley, que se trata en resumidas cuentas de utilizar la ley a tu propio criterio y no para cumplir la finalidad para la que se ha elaborado dicha ley. Irónicamente, estarías usando la ley para hacer algo que no está determinado por ella[5]. Si os interesa el tema, investigad sobre la empresa Factoo.

A lo largo de vuestra carrera como músicos os vais a encontrar **muchos promotores de conciertos que os van a exigir que seáis autónomos, no os quieren contratar**. En ese momento es muy recomendable acudir a expertos legales en la materia, porque podrían estar haciendo las cosas como no toca. De todas formas, cubríos siempre lasespaldas cuando os pongan un papel delante para firmar, y decid que se lo queréis llevar a vuestro abogado, aunque no tengáis. La mejor manera

5. Opinión profesional de los abogados María Asunción García Rancaño y Bryan Dennys Giménez González, de The Legal Partner, consultados para la redacción de este manual.

de protegerse de posibles engaños es tener un asesor legal que os pueda alertar de las malas prácticas, porque hay muchas corriendo por el mundo. Si una empresa os dice que necesita el contrato firmado ya, que no os podéis ir sin firmarlo, que hay que entregarlo a la gestoría... mal. Necesitáis tiempo para leer un contrato y así se lo tendríais que hacer saber, aunque con muy buena educación. «Perdone, como usted sabrá, firmar un contrato no es un asunto baladí, así que vamos a necesitar tiempo para leerlo, y si hace falta, comprobarlo con nuestro abogado.»

¿Y qué forma tiene una factura?

Tenemos que expedir una **factura**. ¿Y eso qué es? Una factura es un documento que justifica la prestación de un servicio. Para que una factura se considere como válida tiene que tener una serie de campos, que son obligatorios: número de factura, nombre y apellidos de la persona que emite y al que se destina la factura, descripción de lo que se paga (en este caso, un espectáculo musical), la fecha de expedición (cuándo se hace esta factura), qué ha costado el servicio (de manera desglosada con sus impuestos por separado), tipos de impuestos y el importe total.

Todos los ríos llegan al mar: ser autónomos u organizar una cooperativa

La opción más normalizada y viable a largo plazo es convertirse en autónomo. Ahora que estáis empezando y no tenéis una actividad económica sustancial a lo mejor intentáis adheriros a la jurisprudencia del SMI, pero no lo podemos recomendar como una opción viable al 100%. Si decidís que el grupo se va a convertir en un hobby y no vais a hacer más allá de un par de conciertos al año, no hay problema: podéis mantener vuestros respectivos trabajos y dar un concierto cuando os apetezca, también como autónomos. Sin embargo, si empezáis a ver que se interesan por vosotros y que tenéis un futuro prometedor, lo mejor a largo plazo es hacerse autónomo. **Facturar sin estar dado de alta en la Seguridad Social es una actividad que os acarreará problemas** si lo hacéis fuera de la ley, aunque, tristemente, esta es la opción de muchos músicos pequeños. Lo que no esperan es que un día una inspección de trabajo irrumpa en una sala de conciertos y se lleve a todo aquel que encuentre por delante a base de multas. Como no es nada que queramos para nuestro grupo y tenemos que hacer las cosas bien, además de querer tener derecho a un subsidio, una jubilación y otras prestaciones, deberemos hacernos autónomos. Si no, a lo largo de los años iremos acumulando un trabajo inestimable con un esfuerzo que más adelante, a efectos prácticos, no habrá servido para nada.

Si aun así esta idea no os termina de sonar del todo clara, existe otra opción que podéis barajar, y es la de **formar vosotros una cooperativa**[6]. En este caso la cooperativa la constituiríais vosotros, no con otras personas, y «ella» sería la que os pagaría a vosotros. España es de hecho un país de cooperativas, es una fórmula que se usa a menudo para poner en común los intereses de diversas personas con un mismo objetivo. Este no es tampoco un camino de rosas, puesto que deberíais emitir nóminas, presentar documentos a Hacienda y documentos relacionados con el IVA cada tres meses, entre otras cosas. Por eso, la opción más recomendable en este caso es acudir a una gestoría o servicio externo para que se ocupe de la elaboración de todos estos documentos, porque, a fin de cuentas, una cooperativa funciona como una empresa. En este caso, sin embargo, existe un gran beneficio, ya que en vez de tener cinco cuotas de autónomo en marcha o cinco contratos por separado en el Régimen Especial de Artistas, tenemos un solo contrato, el de la cooperativa. Más facilidad.

Alguno de nuestros miembros es una persona menor de edad

Los miembros menores de edad del grupo que vayan a prestar un servicio y vayan a cobrar por ello, es decir, hagan un concierto y les paguen por ello, normalmente deben presentar una autorización legal por parte de su tutor, aunque puede depender de diversos factores, como, por ejemplo, si es menor de 16 años o tiene entre 16 y 18. Eso sí, estarán sujetos a una serie de condiciones que no se aplican a los trabajadores mayores de edad, como el límite horario: una persona menor de edad

6. Opción más viable para los abogados María Asunción García Rancaño y Bryan Dennys Giménez González, de The Legal Partner, consultados para la redacción de este manual.

no puede trabajar a altas horas de la noche. Las acciones derivadas del contrato también les correspondería a los padres llevarlas a cabo. De todas formas, no nos cansaremos de repetirlo: es muy importante leer bien todos los papeles que firmemos. De hecho, nunca hay que firmar nada que no se entienda o no quede claro. Los vacíos legales nunca suelen jugar a favor de la persona que ha escrito el contrato, así que en este aspecto estad muy atentos.

> Algunos festivales y salas grandes impiden, mediante contrato, que un grupo realice un concierto un mes antes y un mes después de la fecha en cuestión, por ejemplo, porque de ser así, la venta de entradas se vería perjudicada. Esto tiene su lógica porque no se tiene exclusividad del grupo dentro de un período de tiempo.

Dedicarse a la música de manera profesional vs. hacerlo como un hobby

Si tenéis claro que os queréis dedicar a la música de manera profesional, no queda más remedio que haceros autónomos. Si le sacáis un buen rendimiento a vuestra música es preciso que os deis de alta como autónomos y os paséis al lado legal a la hora de hacer y ofrecer música. Solo estando bajo el paraguas de la legalidad estaréis protegidos de cualquier tipo de problema con los organismos competentes. Lo que también os puede pasar es que una empresa os contrate como empleados y tengáis éxito igualmente bajo su paraguas. Tal vez es menos conveniente porque os debéis al contrato que habéis firmado con ella, pero desde luego, es otra de las opciones a considerar. Si, por el contrario, preferís dedicaros a la música como un hobby, existe una alternativa: **podéis tener un trabajo a jornada completa en algo totalmente diferente a la música y ser autónomos a la vez para cuando queráis hacer conciertos.** Ser autónomo y trabajador por cuenta ajena es totalmente compatible. De hecho, por regla general se paga menos por la cuota de autónomo, porque se entiende que estás contribuyendo por partida doble. Lo «malo» es que en algunos trabajos, normalmente de jornada completa, os podrían pedir exclusividad. Esto significa que estaría prohibido para vosotros que trabajarais en otro sitio, hecho que invalidaría vuestra posibilidad de haceros autónomos o cotizar de otra manera que no sea la del trabajo principal.

Registrar el nombre de vuestro grupo

Hay algo que está más sujeto a robo que vuestras canciones, y es vuestro nombre. Registrar una canción es algo engorroso, hay que presentar gran cantidad de papeles y hacerlo ni siquiera os protege contra los plagios y posibles copias. Sin embargo, si alguien registra vuestro nombre antes que vosotros, tenéis un problema, al igual que vuestro logo. El logo y el nombre de un grupo constituyen marcas y, como tal, hay que registrarlas en cada uno de los países donde tengáis un interés comercial. En España el organismo competente es la OEPM, la Oficina Española de Patentes y Marcas. Cada país tiene un organismo parecido, en el que los conceptos protegidos por la propiedad industrial son registrados. Aseguraos de hacerlo porque, si comenzáis a tener cierto renombre y vuestro nombre y logo se empiezan a ver más por salas de conciertos, medios de comunicación y demás, vais a necesitar protegerlo de ciertas manos indiscretas.

Consultad siempre con profesionales cualificados

En párrafos anteriores hemos descrito la dificultad que supone para los músicos realizar una factura. En los casos de los menores de edad, los padres son los que presentan su DNI, porque sus hijos no pueden emitir facturas. Este ingreso se declara en los impuestos anuales del adulto que ha proporcionado el DNI. Es decir, se cuenta como un ingreso y puede hacer que la declaración de la renta se vea afectada. Como las cantidades que se barajan por una noche de espectáculo (y más en el mundo de la música) no son muy altas, muchas veces esos músicos no lo declaran, porque saben que los organismos competentes no van a meter la nariz en un ingreso tan pequeño. Es decir, hacen una factura a la empresa con su DNI, pero después no se lo dicen al organismo competente, y no suele pasar nada porque, como hemos dicho, la cantidad es irrisoria y eso no hace saltar las alarmas de ningún ente dedicado a controlar los ingresos y los gastos de la ciudadanía. Esto no se tiene que tomar como un camino a seguir, porque es ilegal, pero sí que es verdad que es lo más común muchas veces entre músicos que están empezando.

Llegados a este punto es necesario que sepáis que este capítulo ha sido revisado por expertos legales. No obstante, como ya debéis saber, las leyes son interpretables y cada caso es distinto, así que si tenéis alguna duda que no hayáis podido resolver en este capítulo, es preciso que recurráis a asesoramiento debidamente cualificado. Cada situación es diferente y las leyes, como hemos dicho, no son rígidas, así que nadie mejor que un profesional para asesoraros en lo que necesitéis. Tened en cuenta que los servicios de asesoramiento legal se cobran normalmente por horas, así que cuando acudáis a la cita es imprescindible que tengáis todas las preguntas y dudas a mano.

8

EL PORFOLIO

DESCUBRE TU GRUPO AL MUNDO PROFESIONALMENTE

Aspectos a tener en cuenta a la hora de elaborar un porfolio eficaz, interesante y original

➲ El porfolio es nuestra carta de presentación, la primera impresión que se llevarán las salas de conciertos de nosotros. Tanto si lo enviamos en formato digital como si lo presentamos por escrito, aprender a cuidar la primera impresión nos abrirá muchas puertas.

Imagina que eres el dueño de una sala de conciertos medianamente importante en tu ciudad y quieres que diferentes grupos de música vengan a tocar a tu local, especialmente grupos de rock. ¿Qué harías? Seguramente ya contarías con algunos contactos previos a los que pedir referencias, pero imaginemos que eres nuevo en este mundo y que acabas de abrir el negocio porque te han dicho que es muy rentable. ¿Cuál sería tu primer movimiento para atraer a grupos de rock? Exactamente, lo más seguro sería buscar por Internet grupos locales que no cobren mucho pero que den un buen espectáculo. No te puedes permitir pagarles mucho dinero pero algo sí. Desgraciadamente para nosotros, que acabamos de empezar, muchas empresas se dejan llevar por los likes, las visualizaciones y el número de fans en vuestra página de Facebook. Eso no siempre es sinónimo de buena música, por lo que querrán escuchar cómo tocáis y, por ende, os buscarán finalmente en Youtube.

Si te fijas, las redes sociales cobran una gran importancia cuando se trata de averiguar cualquier cosa sobre cualquier persona, y no solo es así en el mundo musical. De hecho, si ya has tenido un trabajo, seguro que alguien te ha dicho: «oye, deberías borrar esa foto en la que sales haciendo tal cosa», o «deberías poner tu perfil en modo privado». Esto se debe, principalmente, y ya lo sabemos todos, a que las redes sociales cuentan como una fuente más de información. Pueden decir mucho de nuestros amigos, el ambiente por el que nos movemos, nuestras relaciones, nuestras creencias y otros aspectos. Pueden darnos una reputación que no merecemos y pueden ser uno de los motivos por los que una empresa nos acabe escogiendo o no en un proceso de selección. Lo mismo pasa con la música. Si nuestras redes sociales no son convincentes, no tenemos experiencia y no tenemos vídeos de otros conciertos es muy probable que la sala medianamente importante a la que nos presentemos no nos haga mucho caso. Por eso, antes de tocar en una sala grande es mejor que empecemos por salas pequeñas, cafeterías, bares, etc. Tiene sentido, ¿verdad?

Del pequeño bar a la sala grande

Este es el progreso en el camino de la música en vivo: de locales más pequeños a locales más grandes, todo en su tiempo. **The Beatles** estuvieron mucho tiempo tocando en garitos y locales pequeños antes de que alguien los descubriera y dieran su salto a la fama. Lo mismo con la gran mayoría de grupos de rock. Antes de dar el salto al gran escenario necesitamos tener una base sólida, y para conseguir una base sólida hay que trabajar muy duro. Ahora que ya tenemos un par de canciones (propias o versiones) podemos empezar a pensar en tocar en algún local pequeñito, rodeados de familia y amigos, donde si nos equivocamos no pasa nada. En definitiva, nuestro primer concierto. Para ello vamos a necesitar un documento, *online* y por qué no, escrito también, con el que nos podamos presentar orgullosamente ante un pequeño bar o sala.

No existe una segunda oportunidad para crear buena impresión

La primera impresión que demos va a ser crucial para determinar si acabaremos tocando en un local o no. Con los bares más pequeños se suelen tener menos problemas, porque están acostumbrados a tener grupos que no cobran. Por lo tanto, no esperan tampoco una presentación estelar, ni por escrito ni en soporte digital. Con esto no quiero decir que la primera impresión no sea importante también para ellos, claro que sí, pero sus estándares serán más bajos que los de cualquier sala mediana o grande. De todas formas, como ya hemos dicho, antes de presentarnos ante las salas grandes tenemos que tocar en salas pequeñas, así que empezaremos por ellas.

Maneras de presentar vuestro porfolio

Un porfolio es una presentación de tu trabajo como músico. Como tal, existen tantos como músicos hay en el mundo. No existe una plantilla inamovible que seguir, pero sí que existen algunas pautas que nos pueden ser más favorables que otras. Los porfolios o presentaciones se pueden entregar de dos maneras: en formato digital o en papel. El **porfolio digital** es un archivo o un conjunto de archivos que entregaremos mediante una memoria extraíble. Es decir, un USB de toda la vida. Una buena idea para mostrar interés por un local en concreto es presentarnos ahí mismo con una memoria extraíble para que la persona propietaria del local o encargada pueda echarle un vistazo a nuestras canciones y el resto del porfolio con tranquilidad. Lo que también podemos hacer es enviar **el porfolio por e-mail**, con algunas variaciones respecto a entregarlo mediante un USB. Seguramente, la mayoría de las veces nos pedirán que enviemos un e-mail con toda la información, así que aprenderemos a escribir un mensaje tipo para tener una base sobre la que escribir. Acompañando el porfolio digital también podemos entregar un **porfolio en papel**, que es algo más escueto. Se trata de un simple currículum para que la persona con la que nos veamos se lleve algo nuestro y más tarde nos recuerde. De todas formas, lo entregues como lo entregues, lo mínimo que debería llevar tu presentación es lo siguiente:

1. El nombre de tu grupo e información sobre qué instrumentos tocáis y el nombre de los integrantes (ligado a su respectivo instrumento)
2. Tipo de música que hacemos
3. Hitos: conciertos hechos, concursos ganados, etc
4. Redes sociales, para que nos puedan buscar
5. Archivos de sonido o vídeos
6. Equipo disponible para realizar un concierto (el máximo posible)
7. Opcional, según la importancia: Necesidades para realizar un concierto (las mínimas)
8. Duración del espectáculo que podemos ofrecer

De estos ocho elementos suele componerse un porfolio más o menos decente. El orden de los puntos puede variar pero por regla general debería ser así.

Las redes sociales

Vamos a hacer un alto en el camino para hablar largo y tendido de las redes sociales de tu grupo, que se convertirán más adelante en uno de los factores más importantes de tu presentación. Según los seguidores que tengas y la cantidad de actividad que muestres en ellas, las promotoras escogerán si contratarte o no. Espera, espera, ¿y qué es una **promotora de conciertos**? Pues se trata de una empresa que se encarga de gestionar conciertos. Las salas grandes, las más importantes, donde todo el mundo quiere tocar (seguro que hay un par así donde vives) contactan con las promotoras para que ellas les gestionen los conciertos. Y no tan solo eso, sino mucho más. Las promotoras son las que hacen un concierto o una gira posible: desde la contratación del grupo (condiciones y demás) hasta el set de luces, el sonido, la evaluación de la sala y las necesidades que el grupo o el equipo técnico pueda tener. De todas formas, una de sus principales funciones, y la que más nos interesa a nosotros, es dar a conocer grupos que están empezando o que ya tienen un mínimo de trayectoria. Las promotoras son el trampolín de los grupos que ya han hecho un par de conciertos y tienen buena música, pero no saben qué hacer con ella o cómo dirigirse al mundo. Para impresionar a las promotoras primero tendremos que asentar una pequeña base de conciertos realizados en distintos lugares, cada vez con más gente a ser posible y cultivar así, con el material que saquemos (fotos, vídeos, *feedback*), unas redes sociales potentes.

Facebook y Twitter

El perfil de los grupos de rock en Facebook y Twitter no dista mucho del resto de grupos en general. Lo que sí tenéis que tener en cuenta es la imagen global de la página. Lo más suculento es el número de seguidores, pero como al principio no tenéis muchos, invertid lo máximo posible en una buena foto de perfil y una buena foto de portada. Intentad que sean impactantes, si puede ser, de algún ensayo, ya que aún no tenemos fotos de conciertos. De todas formas, en el primer concierto que hagáis aseguraos de que alguien os haga **fotos de buena calidad** para poder colgarlas en vuestras redes. Si tenéis algún amigo fotógrafo ya sabéis a quién pedirle que os eche un cable para arrancar.

Página de Facebook del grupo Interpol

Es muy importante que no presentéis vuestro porfolio a un café el mismo día que os abrís la cuenta. Al menos, que no tenga tres «me gusta». Aseguraos de asentar una base sólida de fans empezando por familia, amigos y conocidos y así no presentaros desde cero al bar de la esquina. De todas formas, todo esto se puede tener en cuenta y planear la presentación en consecuencia. Si las redes aún no es algo que queráis enseñar, podéis obviar este punto cuando habléis con los dueños del bar donde queráis tocar. A continuación tienes una serie de recomendaciones prácticas para las redes sociales de tu grupo:

- ❏ **Publica con frecuencia y con fotos.** Con una publicación cada dos o tres días está bien. Piensa que cuanta más actividad haya en tu página, más la enseñará el algoritmo de Facebook a tus seguidores. Una página que se actualiza cada quince días o cada mes va perdiendo interés para Facebook, que se preocupa por todo: la calidad del post, la cantidad de letras, si tiene fotos o vídeos externos, etc. Twitter también agradece las fotos, pero no es tan importante como en Facebook ni tan vital como en Instagram.

- ❏ **Sube contenido original.** Nos referimos a fotos y vídeos hechos por vosotros, no vídeos de Youtube o vídeos externos. A Facebook no le gusta que abandones la red social, quiere que te quedes y que tus seguidores puedan ver el contenido que publicas sin tener que salir de ahí. En Twitter también podéis comentar la actualidad musical, ya que se trata de una red social del día a día y pensada para la inmediatez.

- ❏ **Cuida la calidad de lo que subes.** Intenta que tanto fotografías como vídeos cuenten con una calidad más que aceptable. Cuanto mejor sea, más lo mirarán tus fans. Facebook se da cuenta de las interacciones que tienen las páginas, y las que más tienen, más se muestran en los muros o *Feed*.

- ❏ **Faltas de ortografía, nunca.** Imprescindible escribir sin faltas de ortografía sea el tipo de contenido que sea. Es inaceptable.

❏ **Contesta a todos los comentarios que recibas.** A las redes sociales les gusta el *feedback*, tanto en lo que se refiere a los mensajes como en los posts. Ten una presencia activa y tanto la comunidad como la red social te lo agradecerán.

❏ **Muestra una faceta activa y cercana.** Sois un grupo de rock, ¡se tiene que notar! Subid fotos de los miembros ensayando, afinando guitarras, en la calle, de excursión, con alguna pose rockera, con caras alegres y que inviten a la gente a unirse a lo que hacéis. Vuestros fans tienen que sentir que son vuestros amigos, prácticamente. Tenéis que crear un vínculo estrecho con ellos.

En **Twitter** las cosas son algo diferentes a Facebook, puesto que es una red social vive de la inmediatez. Facebook es algo más pensado, con posts más largos. En Twitter se comentan cosas que acaban de pasar. De todas formas, ambas presentan ciertas similitudes, y es que, por ejemplo, las fotos son siempre bienvenidas. En Twitter solo puedes subir hasta cuatro fotos. Cuantas más subas, más pequeñas se van a ver, aunque no quedan del todo mal. Aquí tienes unos ejemplos:

Post del grupo chileno Golem con tres fotos

Post con una sola foto comentando actualidad de Maná

Un ejemplo de grupo de rock no muy conocido, pero que está alzando el vuelo a una velocidad de vértigo es Agoraphobia, y su Instagram es un ejemplo muy bueno a seguir. Las fotos que suben tienen muy buena calidad por regla general, las *stories* muchas veces tienen un matiz personal que les ayuda mucho a conectar con el público. Suben vídeos donde se les ve interactuar con el público y fotos en el *backstage*. Echadle un vistazo porque son el manual perfecto sobre cómo gestionar un Instagram desde una perspectiva rockera, profesional y cercana a la vez.

Instagram de Agoraphobia

Como puedes ver, el post del grupo chileno de rock **Golem** es algo más escueto que el del grupo **Maná**. Mientras el primero no tiene *hashtags*, el segundo cuenta con tres que fueron de actualidad el día en el que Maná hizo el post y un *hashtag* de cosecha propia. El 10 de enero de 2019 hubo una serie de incendios en Australia que se cobraron la vida de más de 20 personas y que devoraron más de diez millones de hectáreas. Los grupos de rock no viven en el espacio exterior ni son ajenos a lo que pasa en el día a día, así que **comentar la actualidad no está mal**, sobre todo en temas sensibles que nos afectan a todos por igual y en los que podemos transmitir un mensaje potente. Por supuesto, comentar desastres siempre se tiene que hacer con consciencia, para aportar un mensaje contundente que abogue por la resolución o la denuncia, nunca para ganar seguidores de manera fácil y gratuita.

Si seguís una rutina de posts tanto en Twitter como en Facebook os aseguraréis de que vuestras redes no mueran y de que vuestros seguidores esperen más cada semana. No os olvidéis de usar los *hashtags* con más visibilidad en Twitter y de interaccionar con los fans y con otros grupos de rock que os gusten. Si no tenéis contenido que publicar o andáis escasos de ideas, aquí tenéis una lista de posibles publicaciones que pueden funcionar:

Instagram

Instagram, como ya sabes, es el imperio de las fotos. En realidad es esencial, puesto que si no hay foto, no hay publicación. En este campo, la música también cobra interés gracias a la introducción de los vídeos y de **Instagram TV**, que te permite subir archivos de larga duración. De hecho, una vez saquéis un videoclip casero, lo podréis subir a Instagram TV sin ningún problema y publicitar la publicación, también en Facebook, para llegar al mayor número de personas posible. Instagram y Facebook cuentan con una interfaz suficientemente comprensible para crear vuestros anuncios, aunque la de Instagram es muchísimo más sencilla que la de Facebook. Podéis empezar por ahí cuando ya tengáis un mínimo de seguidores y estéis buscando aumentarlos.

En esta red social es muy importante **la calidad de las fotos**. Más que cualquier otra cosa. Da igual el tipo de rock que hagáis, puede que hasta tengáis seguidores que jamás escuchen vuestra música, pero que os sigan por la calidad de vuestras publicaciones. Si alguno de vosotros sabe sobre fotografía, es hora de explotar esa fortaleza al máximo. Sabemos lo que gusta y lo que no gusta en Instagram. Es importante usar hashtags relevantes, integrados en el máximo de publicaciones posible, mencionar a otros grupos y estrellas, páginas de música, participar en concursos musicales y de fotografía. En resumidas cuentas, ser lo más activos posible con mínimo una publicación o dos cada semana pero con contenido de calidad. Textos bien escritos, sin faltas, con algún emoticono para que no se haga aburrido y con una perspectiva humana y honesta además de musical.

> La calidad de las fotos es factor imprescindible en Instagram, sin discusión. Puede que hasta tengáis seguidores que no escuchen vuestra música pero que os sigan por vuestro mensaje, vuestra simpatía, originalidad y calidad humana y fotográfica.

Subir vuestra música a Internet

Los bares con los que contactéis van a querer escuchar cómo tocáis en directo y/o cómo suena el repertorio que les habéis hecho llegar. Querrán saber si merecéis la pena como para teneros en su local. Cuanto más importante sea la sala donde queráis tocar, más alto estará el listón, y menos errores dejarán pasar. Os pedirán un espectáculo más elaborado, mayor calidad musical y profesionalidad. Todo esto se puede entrenar practicando en pequeños bares, que es nuestra principal táctica.

Estos bares, sin embargo, también necesitarán saber cuáles son nuestras cualidades como músicos, y saber si les vamos a montar un estruendo o se nos puede escuchar mínimamente. Lo que podemos hacer es adjuntar dos o tres canciones del repertorio en el USB que les demos (esto lo trataremos más adelante) y, por qué no, para hacerlo más fácil también podemos enviarles un link a nuestras canciones subidas a Internet. Dos de las plataformas que más se usan entre los músicos independientes son **BandCamp** y **SoundCloud**. Échales un vistazo porque son muy interesantes.

BandCamp del grupo Elephant Tree

SoundCloud de The Black Keys

No os olvidéis de Youtube cuando subáis vuestra música en Internet para el porfolio y vuestra visibilidad en redes. Es una red social popularmente conocida. Tal vez, hasta os pidan que paséis algún vídeo casero de vuestro ensayo u otro concierto.

Los diez mandamientos del porfolio

El porfolio que presentemos a las salas de conciertos tiene que tener una estructura determinada. Lo prepararemos una vez y lo dejaremos hecho para futuras ocasiones, para cuando estemos pensando en ofrecer nuestro primer concierto. Iremos añadiendo los conciertos que hagamos, por pequeños que sean; las canciones que añadimos a nuestro repertorio, premios que hayamos ganado, concursos en los que hemos participado, vídeos nuestros y una pequeña reseña o descripción. En definitiva, estaremos elaborando el que será el currículum del grupo. Para que un porfolio tenga sentido tiene que estructurarse más o menos como un currículum personal. Por ello, contará con una serie de puntos como estos, no necesariamente en este orden:

1. **Nombre del grupo y género musical, redes sociales.** Importante que se vea claro, sin florituras ni fuentes extrañas difíciles de leer.

2. **Fotografía de los integrantes.** Aquí sí que no tenéis que escatimar. Esta puede ser la primera primerísima impresión que se lleven de vosotros cuando abran un e-mail y se encuentren con vuestro porfolio. Indudablemente, la foto es lo primero que verán, así que de esta buena impresión depende que se lean todo lo demás. Usad una foto donde se os vea claramente a todos. Si puede ser, totalmente profesional, de estudio o en un concierto, pasándolo bien, con acción y buena actitud. Que os puedan imaginar encima de su escenario entreteniendo al público y pasándolo bien.

3. **Pequeña descripción o reseña.** No hay que explayarse, pero no tiene que ser tan corta como para que parezca que no tenemos nada que ofrecer o que no hemos mostrado interés a la hora de redactar esta parte. Lo ideal es explicar el nombre y la edad de los integrantes, ligado al instrumento que tocan; desde qué fecha hace que tocáis juntos y cómo os conocisteis. A veces, una historia contada de manera algo personal capta más la atención. Pensad que las salas estarán acostumbradas a recibir este tipo de documentos, así que hacedlo lo más original posible sin que quede extraño.

4. **Minutos u horas de repertorio que podemos ofrecer.** Las horas o minutos reales de canciones las podéis alargar un poco ya que podéis contar también con el tiempo de transición entre canciones. Cuanto más tiempo ofrezcáis, mejor, porque siempre os pueden decir que toquéis menos tiempo, pero no más, porque no tenéis más repertorio.

5. **Links o archivos de audio y vídeo.** Si lo presentáis en persona, la idea del USB es estupenda. Podéis comprar uno pequeño, que no cueste mucho, solo para el currículum. Lo ideal sería que comprarais unos cuantos y los regalarais a las salas de conciertos a las que os presentéis, para no tener que marearlos luego para que os lo devuelvan.

6. **Referencias, recomendaciones.** El día en el que toquéis en algún bar, este os puede escribir una opinión de tres o cuatro líneas que podáis incluir en vuestro currículum. Si es por escrito, con una firma, a veces puede quedar más original.

7. **Hitos importantes: concursos, premios.** Es normal que al principio no podáis aportar nada a este apartado, pero poco a poco se irán sumando cositas. Si alguna vez habéis tocado en acústico en algún cumpleaños de alguna amistad vuestra, podéis incluirlo. Tranquilos, no se trata de decir mentiras, sino de poner en valor las cosas pequeñas que hacéis para que después os den oportunidades de mayor envergadura.

8. **Fotos impresas o en digital, de buena calidad.** Si enviáis las fotos por correo electrónico, aseguraos de que son lo suficientemente buenas como para que transmitáis buenas vibraciones, pero no tan buenas que pesen demasiado y tarden mucho en descargarse. Haced las cosas fáciles para la persona que os vea.

9. **Características y necesidades técnicas.** El bar tiene que saber si cuenta con todo lo necesario para que el grupo pueda sonar bien en el local. Esto es poco importante al principio, pero cuantos más conciertos hagáis más importancia le vais a dar. Lo que sí podéis hacer cuando estéis empezando es especificar con qué equipo contáis.

10. **Datos de contacto.** ¡Difícil será que os llamen si no incluís un e-mail o teléfono!

Esta estructura, como hemos dicho, es totalmente modificable. De hecho, el día en el que tengáis algún hito importante que mencionar, por ejemplo, algún premio o concurso ganado, o un concierto importante en un festival, es necesario que lo mencionéis en las primeras líneas de vuestra presentación. No lo dejéis para el final porque es algo muy relevante y no queremos que la información se pierda. Al inicio de este capítulo hemos dicho que el porfolio se puede presentar de forma escrita y de forma digital, o combinar las dos si nos presentamos en directo y queremos ofrecer tanto un documento escrito como uno digital en una memoria extraíble. Otra de las ideas que podéis llevar a cabo es, en caso de presentar este porfolio por escrito, darle una forma determinada a la hoja de papel. La podéis presentar en forma de bombo de batería o de guitarra. Puede ser de cartulina, que no se rompa, o de simple papel. De todas formas, a veces la sencillez es la opción segura, así que optad por otras versiones si veis que el dueño del bar es algo excéntrico o pensáis que le puede gustar el detalle.

> ➲ En Internet podrás encontrar muchas plantillas de currículums personales que podéis adaptar para crear vuestro propio porfolio. Algunas de ellas son onlinecv.es y micvideal.es. En cvtrends.com/plantillas hay plantillas incluso para pasar a Word.

La entrega del porfolio

A continuación tenéis un porfolio como ejemplo. Tomadlo de referencia si lo necesitáis, pero tened en cuenta que lo podéis estructurar como vosotros consideréis. El nombre del grupo, los miembros y todos los elementos restantes, sin contar la foto, son ficticios. Este porfolio se ha hecho pensando en un grupo que aún no ha dado ningún concierto y que todavía no tiene ningún hito reconocible, así que es corto y conciso, directo al grano. Habla de lo que el grupo puede ofrecer y crea expectativas positivas para el dueño:

La Baronesa Escarlata

Hard-rock / 001245122 / labaronesaescarlata@internet.es

facebook.com/baronesa_escarlata

twitter.com/b_escarlata

instagram.com/baronesa.escarlata

(Ofreced una foto en el escenario si es posible.)

La Baronesa Escarlata es un grupo de hard-rock formado por **Paula** (batería), **Jaime** (bajo), **Ramón** (teclados), **Luisa** (guitarra solista) y **Pablo** (voz y guitarra rítmica). Formado en noviembre de 2020, La Baronesa Escarlata nace como un grupo de versiones de **Barón Rojo**. Más adelante encuentra su propio estilo mezclando el heavy rock con el rock experimental y ahora ocupa un espacio antes vacío en la escena musical mexicana. Ofrece un espectáculo con presencia, enérgico y muy cercano al público.

La Baronesa Escarlata cuenta con 45 minutos de espectáculo.

Material disponible:

❑ Instrumentos para cada músico
❑ Amplificadores guitarras (2x50W)
❑ Amplificador bajo (40W)
❑ Micrófono (3) para voz principal y coros
❑ Máquina pequeña generadora de humo

Para escuchar a la Baronesa Escarlata, diríjase a: **youtube.com/ BaronesaOficial / bandcamp.com/baronesa-of**

Cómo presentarse ante las salas de conciertos con nuestro porfolio

Tenéis vuestra música grabada y lista para que salga al mundo, los instrumentos preparados y muchas ganas e ilusión de dar vuestro primer concierto. En este punto, es muy importante que cuidéis la imagen porque es hora de presentaros, en persona, en el primer bar donde vais a querer tocar. Necesitaremos llevar nuestro currículum impreso y un pequeño USB con nuestra música, nuestros vídeos y, por qué no, una copia del porfolio escrito.

Localizar locales potenciales

Dar con los lugares más interesantes para tocar con vuestro grupo es tarea fácil. Vosotros mismos habréis asistido a más de un concierto en salas pequeñas, con poca gente y algo de intimidad, donde, si os equivocáis, tampoco pasa nada. Algo que suele funcionar bien al principio es pasear por la ciudad y buscar bares, sobre las once de la noche, donde hagan música en vivo. Moved contactos y preguntad, tirad de favores si hace falta: seguro que en vuestra ciudad hay un local pequeño, acogedor, donde podáis enchufar vuestros instrumentos y ser los reyes de la noche, no hay duda. Si ensayáis en un edificio habilitado para ello, preguntad a otros músicos que veáis por los pasillos. Preguntad en casa, en el trabajo, en el centro de estudios, en el espacio cultural, la biblioteca. Alguien cercano a vosotros conoce un local donde podéis tocar, eso seguro. Intentad, por otra parte, tener la mente abierta y no limitaros tan solo a locales nocturnos. Hay muchos locales culturales que ofrecen espacios a grupos novicios como el vuestro.

Hablar en persona

El porfolio que hemos enseñado antes es modesto y escueto, pero por otra parte es prometedor. No olvidéis que se trata de una presentación escrita que el dueño del local o centro se lleva consigo después de que vosotros, en persona, os hayáis presentado y hayáis explicado vuestro proyecto musical. Primero tenéis que averiguar qué horas abre el local y saber si podéis hablar con el dueño en persona. Si se trata de un local donde no tenéis contactos, donde nadie os puede dar una referencia o un número de teléfono directo, llamad o id en persona cuando estén abiertos para preguntar si podéis ver a la persona encargada. Podéis ir todos sin problema, es más, denotará que estáis realmente interesados en tocar en este local en concreto. Cuando aparezca el dueño del bar, esto es lo que le podéis decir:

> «Buenas tardes, soy Paula Márquez, batería de La Baronesa Escarlata. Conozco su local porque mis amigos vienen a menudo y me han dicho que aquí siempre hay muy buen ambiente. También me han contado que hacen música en directo los jueves, y por eso he preguntado por usted. Somos un grupo (señalas a tus compañeros) de hard-rock con muchas ganas de tocar en público y me preguntaba si le gustaría escuchar nuestra música. Tal vez le guste para programar un concierto en su bar. A nosotros nos haría mucha ilusión.»

A medida que vayáis hablando podréis adivinar, mediante el lenguaje no verbal (la expresión de la cara, la postura, etc.), si la persona con la que habláis se siente cómoda y atraída por lo que decís o, por lo contrario, no quiere saber nada. Manejar esta primera conversación es algo delicado, y nunca se debe hacer de manera presuntuosa ni con exigencias. Venimos a preguntar si al local le gustaría recibirnos como artistas porque tenemos un espectáculo que concuerda con el ambiente del bar. Si la conversación fluye y veis que la persona encargada o dueña se interesa por vosotros, podéis pasar a la siguiente fase y ofrecerle el USB, además de hablar de otros aspectos como el vestuario que utilizáis en vivo (si es que tenéis y ya lo habéis pensado, que siempre es recomendable). También podéis enseñarle un par de fotos de la mejor calidad que podáis que hayáis impreso. Como es obvio, ya que aún no habéis hecho conciertos, las fotografías serán de los ensayos o de alguna sesión en el exterior o en el mismo ensayo. Esta parte no es cien por cien necesaria porque tenéis al propietario delante y ya os ve la cara, simplemente se trata de darle una idea de cómo os veríais en concierto, además de la foto principal.

Muchas veces también funciona el mencionar que podéis mover a un número determinado de personas para vuestro concierto. Entre familiares, amigos, y la publicidad que podáis hacer en redes sociales, seguramente entre todos los miembros conseguís mover a unas 30 personas. Eso, para un local pequeño, suele ser suficiente, sumado a las personas que van al bar por su cuenta. Las salas pequeñas saben que solo son demandadas por grupos pequeños, locales, que buscan hacerse un nombre y alzar el vuelo más adelante. Esto tiene sus ventajas y desventajas, y es que puede ser perfectamente normal que no os quieran pagar ni un centavo. Lo más probable es que ni siquiera lo mencionen en la conversación. De hecho, si lo mencionáis vosotros puede pasar que la persona con la que habláis se eche atrás y le parezcáis egoístas, aunque solo estéis pidiendo lo que os corresponde por derecho, y es que la música no es un arte gratuito. De todas formas, en este punto de vuestra historia va a ser inevitable bajar la cabeza y coger experiencia mediante pequeños conciertos (recordad, de menor a mayor) para más tarde poder presentarnos ante una gran sala de una manera muy distinta. Ahora, al principio, toca aprender y agachar un poco la cabeza. Si por un casual os preguntan si es la primera vez que tocáis en directo, no mintáis, sed honestos. Sí, es la primera vez que tocáis en directo, pero ¿algún día había que empezar, verdad?

Enviar un e-mail

Si el propietario os redirige a un e-mail para que le enviéis toda la información, la cosa ya cambia un poco. En ese caso, cuando ojee vuestro porfolio estará sentado delante de un ordenador o con el móvil en la mano. La presentación por e-mail tiene que ser más o menos la misma que en directo, solo que tendréis que ir más al grano. También podéis incluir, en alguna parte, una lista de links para que puedan acceder a vuestro canal de Youtube y ver vídeos vuestros, en caso de que tengáis algo potente que enseñar. Intentad evitar vídeos caseros con un sonido deficiente o de mala calidad. Si no habéis hablado antes con el propietario y queréis enviar un correo, podéis escribir algo así:

«A la atención de Juana Palomera,

*Mi nombre es **Paula Márquez**, batería de La Baronesa Escarlata. Somos un grupo de hard-rock con influencias de **Barón Rojo** y **Caifanes**, y nos gustaría ofrecernos para tocar en (nombre del local). Tenemos un repertorio de aproximadamente **45 minutos** de rock en español entre versiones y canciones propias, con mucha relación con el público y una vestimenta típica del hard-rock de los 70. Sabemos que los jueves hacen música en directo y nos gustaría mucho poder ofrecer nuestro espectáculo en su local. Aquí le dejo nuestras redes sociales:*

facebook.com/baronesa_escarlata
twitter.com/b_escarlata
instagram.com/baronesa.escarlata

Si le gusta lo que oye y lo que ve, no dude en contestarme a este e-mail o llamarme directamente al número 001245122. Estaré encantada también de resolver cualquier duda que le pueda surgir.

Un saludo,

Paula»

⮐ Es en esta etapa de nuestro viaje que tenemos que mostrar el máximo respeto y honestidad cuando hablemos con los locales pequeños. Ellos son los que nos verán nacer, los que nos darán una primera oportunidad y confiarán en nosotros.

Hasta aquí hemos hablado de locales privados bajo el mando de una o varias personas, que puede presentarse como una de las opciones difíciles para conseguir un concierto, ya que sois nuevos y tenéis poca experiencia, cosa que a veces tira para atrás algunos bares. Sin embargo, existe una opción mucho más fácil que seguro que ya os ha pasado por la cabeza. ¿Y si tocáis en un local público? En todas las administraciones públicas existen departamentos de cultura y juventud dispuestos a ayudaros en vuestros primeros pasos como músicos locales. Pensad en ello si antes de presentaros para tocar en un local privado queréis optar por un **centro cultural** o **casal de jóvenes**. Lo único que tenéis que hacer es ir al ayuntamiento o institución pública más cercana y pedir información en el departamento o área de juventud o cultura. Suelen tener recursos y espacios que podéis usar y, por qué no, también es posible que os ayuden con la publicidad del evento.

La búsqueda de vuestro primer concierto será una tarea apasionante. Es la primera vez que presentaréis vuestra música al mundo y, para ello, es muy importante que causéis una buena primera impresión. Así, el bar o local os dará todo tipo de facilidades. El porfolio tiene mucho que ver en esto, por eso tiene que estar escrito sin faltas de ortografía y al principio es recomendable tratar de usted a la persona a la que nos dirigimos. Si esto sale bien y el local queda satisfecho con nosotros, se puede convertir en nuestra primera recomendación, que podremos incluir en nuestro porfolio. Sed respetuosos, honestos y amigables. Seguro que os irá bien.

9

CONCIERTOS

TOCAR EN DIRECTO: EL SUEÑO DE TODO MÚSICO

Del miedo escénico al placer escénico: cómo prepararse para una de las mejores experiencias de nuestra vida

➲ Tocar en directo es una inyección de adrenalina, una experiencia única que crea adicción. Una vez os subáis al escenario solo podréis pensar en la próxima vez. No obstante, para que todo salga bien y sin sorpresas, todo debe estar bajo control.

Ha llegado el momento que todos estábamos esperando. Subirse a un escenario por primera vez es como sufrir un pequeño ataque de pánico al principio, pero pasados unos minutos el calor de la música compartida resulta ser una de las mejores experiencias que existen sobre la faz de la Tierra. Tocar en directo cura todos los males y nos transporta a otro mundo, donde no existe nada más que el momento que estamos experimentando. De hecho, ¿sabes exactamente qué le pasa a tu cuerpo cuando asistes a un concierto? Te lo canta **A Perfect Circle**: «dopamina, dopamina». Tu cerebro descarga una explosión de dopamina, una sustancia que simboliza el placer, para que nos entendamos, y que también es clave en los procesos de adicción. Por eso hay personas adictas a los conciertos. No es que sean adictas a ellos concretamente, es que son adictas a lo que sienten cuando están en uno. Esta sensación la tienen tanto los músicos arriba del escenario como el público presente, y cuanto más intensa es, más se retroalimenta. Si los músicos se sienten bien, se muestran activos y se nota que disfrutan del show, la audiencia recibirá lo mismo. Por eso es tan importante mantener una actitud positiva durante un concierto, y si algo nos sale mal, seguir hacia delante. Después de un error, nunca se para. ¡Nunca! Tenemos que seguir, como si no hubiera pasado nada, y dejar atrás ese momento para volver a disfrutar y sobre todo, no dejar que nos amargue toda la experiencia.

Este capítulo lo vamos a dividir en tres partes: antes del concierto, durante el concierto y después de él. El antes y el durante son los estadios más importantes, como puede entreverse, pero el después juega un papel crucial para el segundo espectáculo. Necesitamos aprender a prepararnos ante cualquier imprevisto que pueda surgir durante el show. También deberíamos aprender a animar a nuestro público y hacer que se lo pase bien, pero después tenemos que saber analizar lo que ha ido bien para repetirlo y lo que ha ido mal para que no vuelva a pasar. Esto nos ayudará muchísimo a identificar problemas antes de que aparezcan y a prepararnos mejor para el próximo concierto. El después es muy importante para el autoanálisis y posterior mejora. Por ello no hablaremos solo del concierto en sí y cómo preparárselo, sino también qué hacer con la información que hemos podido recabar de nuestro primer espectáculo.

Antes del concierto

Una vez el dueño del establecimiento nos contacta y nos dice que sí, que tenemos concierto, hay que averiguar la hora concreta y sobre todo, la hora a la que podemos presentarnos en el local. Si el concierto es a las 20:00h, seguramente nos pidan que estemos ahí unas dos horas antes, aunque esto siempre puede variar. En caso de que os deje escoger, manejad una ventana de tiempo lo más amplia posible para poder suprimir cualquier obstáculo en vuestro camino. Por ejemplo, el día del concierto se le salta una cuerda al guitarra en el ensayo y no tenéis de repuesto, o la persona que os tenía que ayudar a transportar la batería no puede finalmente ayudaros ese día. Tenéis que tener tiempo de luchar contra cualquier imprevisto, así que manejad las horas con cuidado.

Cómo organizarse

¿Qué necesitáis para hacer un concierto? Pues lo mismo que tenéis en el ensayo, contando que estaréis en un espacio distinto y, probablemente, algo más amplio. Por lo tanto, tenéis que trasladar todos vuestros instrumentos, amplificadores y demás hasta el lugar del espectáculo. Esto tiene un peligro: dejarse algo atrás. ¿Qué podemos hacer para combatirlo? Pues hacer una lista, así de sencillo. Esto es más o menos lo que necesitaríais llevaros al lugar del show si fuerais un grupo estándar de rock con dos guitarras, una batería, un bajo y un cantante:

▼ **El batería**

▷ La batería: Bombo, caja, platos, soportes, etc.

▷ El banquillo

▷ Las baquetas y baquetas de repuesto

▷ Llave para afinar la batería

▷ Alfombra para situar debajo de la batería

▷ Mantas para meter dentro del bombo si se oye mucho

▼ **Los guitarristas**

▷ La guitarra en su funda

▷ Afinador

▷ Púas y cuerdas de repuesto

▷ Si es necesario, soporte para otras guitarras

▷ Cable jack

▷ Amplificador guitarra

▷ Cables de repuesto para el amplificador

▷ Pedales y/o pedalera con sus respectivos cables

▼ El bajista

▷ El bajo en su funda

▷ Afinador

▷ Púas y cuerdas de repuesto

▷ Espumas para poner debajo del amplificador en caso de que resuene mucho

▷ Cable jack

▷ Amplificador, cables y pedales o pedalera

▼ El cantante

▷ Micrófono

▷ Espuma o protector

▷ Cable XLR o el que use el micrófono

▷ Micrófono de repuesto (el cantante debería tener siempre dos micrófonos, por si acaso, aunque el segundo sea de menor calidad)

▷ Pie de micrófono

▷ Pantallas audio

Esta lista de componentes y materiales es muy obvia, porque es lo que usamos a la hora de ensayar y es poco probable que nos dejemos algo atrás. De todas formas, vayamos a lo seguro: haced una lista e id tachando todo lo que hayáis recogido y metido en la furgoneta o medio de transporte. Un cable se lo puede dejar atrás cualquiera. Si tenéis más material no olvidéis apuntarlo y tener en cuenta que siempre estaría bien llevar material de repuesto, como cables y cuerdas para las guitarras y el bajo. Sobra decirlo pero también deberíais saber dónde tenéis que aparcar el coche o furgoneta cuando trasladéis el material al lugar del concierto. Siempre se tiene que quedar alguien en el coche u os tenéis que ir turnando a la hora de transportar el material dentro del local. No dejéis a la vista, con el coche abierto, una funda de guitarra o unos platos de batería. Curaos en salud.

▼ Miscelánea

▷ Toallas para el sudor, ropa de repuesto
▷ Botellas de agua (en teoría, os las tendrían que proporcionar el local en cuestión)
▷ Material de repuesto
▷ Máquina de humo, material de iluminación, proyectores láser, etc. que usemos para el show
▷ Tapones para las orejas en caso de necesidad
▷ Manta para tapar los instrumentos y el material en el coche (ahora explicaremos por qué)
▷ Vestimenta y maquillaje, en caso de necesitarlo

⮑ Un ejercicio muy útil que podéis hacer para preparar el concierto es practicar en vuestra sala de ensayo como si estuvierais sobre el escenario y hacerlo todo seguido: el saludo, tocar una canción tras otra, la interacción con el público y la despedida.

Repertorio de canciones o *setlist*

El **setlist** es el repertorio de canciones que vais a preparar para vuestro primer concierto. Según el tiempo que os hayan dicho que tenéis que cubrir, tendréis que elegir qué canciones tocar y qué canciones queréis dejar en el banquillo. De todas formas, si es vuestro primer concierto es posible que tengáis tiempo de tocarlas todas, porque los grupos novicios no suelen tener un gran repertorio, cosa totalmente normal. Un ejercicio útil que podéis llevar a cabo es practicar el concierto en vuestra sala de ensayo, todo seguido, imaginando que tenéis el público delante. Aparte de que os lo pasaréis bien hablando con un público imaginario, también tendréis la oportunidad de **cronometraros**. Es normal que después, en el concierto, el tiempo se os vaya un poco, y seguramente los dueños del local, sea público o privado, no sean muy estrictos con el tiempo, pero aun así debéis saber si os estáis quedando cortos o si estáis haciendo de más. Sobre todo tenéis que prevenir el quedaros cortos. Alargar un concierto en un local pequeño no os traerá muchos problemas, como mucho os harán una seña para deciros que ya es suficiente y que hay que apagar, pero quedarse corto... queda realmente mal. Dicen que lo bueno viene en pequeñas dosis, pero tampoco tenemos que ofrecer un concierto de diez minutos. Deberíamos poder ofrecer mínimo, más o menos, una media hora de concierto.

El repertorio o *setlist* tiene que estar consensuado. Aunque tengáis pocas canciones lo podéis imprimir y situarlo junto a los pedales o el amplificador de los guitarras y el bajista, y cerca del batería, por si alguien se pierde. Pensad que es un momento en el que los nervios nos pueden jugar una mala pasada. Si podemos evitar que el batería empiece una canción y el cantante no sepa por dónde tirar, mejor. **El *setlist*, impreso y a los pies de los músicos**. Más adelante, lo podremos tirar al público para añadir más juego, u os podéis quedar uno y colgarlo de recuerdo en la sala de ensayo. Pensad en la interacción con el público: toda idea que se os ocurra se puede moldear y trabajar para convertirla en una herramienta potente encima del escenario. El *setlist* se imprime en letras grandes y de manera sencilla. Seguro que ya has visto uno, suelen ser así:

Setlist de un concierto de Gamma Ray

Las canciones que están después de la línea discontinua, al final, son *bonus track*, canciones que se tocarán cuando el concierto ha acabado formalmente y nos quedan unos minutos. Son las que se suelen tocar después de que el grupo haya salido del escenario y parece que todo se acaba. El grupo vuelve a salir y tocan un par de canciones más. También se llaman bis, bises en plural, y el público suele pedirlas gritando al unísono «¡otra, otra!».

Vestimenta

Los conciertos son la oportunidad perfecta para dar rienda suelta a vuestro lado más creativo, y eso no solo se aplica a vuestra interacción con la audiencia, sino también a la vestimenta. Los elementos visuales generan expectativas, trasladan una imagen concreta y pueden jugar tanto a nuestro favor como en nuestra contra. Con esto no quiero decir que esté mal vestirse cada uno por su cuenta para el concierto, o que esté mal llevar camisa y pantalones. Sin embargo, en vez de vestiros como os vestiríais cada día, tal vez es hora de estrujaros un poco el cerebro entre todos y hacer una lluvia de ideas. Si tocáis un tipo de rock al que le puede ir bien la estética *glam*, por ejemplo, seguro que os podéis inspirar en más de un artista a lo largo de la historia: **Kiss, Twisted Sister** y **David Bowie**, entre muchísimos otros. No le tengáis miedo a la gomina, los pantalones apretados y relucientes y los movimientos exagerados. Todo lo que de espectáculo es bien recibido. Puede que al principio alguien se ría porque no están acostumbrados a veros así, pero después los tendréis a todos bailando como locos, eso dadlo por seguro. Si queréis ser un poco más prudentes y no llamar demasiado la atención, podéis acordar vestiros todos de una determinada manera (todos con traje) o de un determinado color (todos de rojo, en la misma tonalidad). Aquí tenéis algunas ideas:

Leprous en concierto

El grupo de metal progresivo **Leprous** siempre va muy bien vestido a sus conciertos. Su música es fuerte, transgresora, contundente, pero su vestimenta es todo lo contrario. Por eso es tan buena idea. La imagen que transmiten es sofisticada, estilosa y profesional. Si nos enseñan una foto de ellos, parece que son integrantes de una orquesta. Esto, para las personas que los van a ver por primera vez, es una sorpresa total. En el canal de Youtube del festival Wacken podéis encontrar el vídeo completo de la actuación:

También podéis encontrar el vídeo en Youtube:
«Leprous – Full show – Live at Wacken Open Air 2013»

Por otra parte, no podemos hablar de vestuario si no tenemos una imagen mental de Kiss. Puede que esto lo consideréis demasiado, pero creedme cuando os digo que un alto porcentaje del encanto de Kiss proviene de su vestimenta. Por supuesto, su música es espectacular, pero su manera de vestir es claramente diferenciadora, sobre todo la pintura en la cara.

Kiss en concierto

También podéis encontrar el vídeo en Youtube:
«Detroit Rock City – Charleston, South Carolina»

Un estilo más estándar de la escena rockera es el de **Eva Amaral**.
Esta cantante siempre ha tenido un estilo muy sencillo, aunque también
muy personal. Su flequillo es una marca personal, así como los colores
negro y rojo, que la han acompañado en muchas actuaciones y vi-
deoclips. Podéis coger ideas también de su vestuario, que es menos
transgresor. Si no queréis llamar mucho la atención podéis buscar un
estilo más básico pero darle algún toque vuestro, como lo hace ella:

Eva Amaral en concierto

Puedes acceder al vídeo buscando «Amaral – Nocturnal» en Youtube

El vestuario de un grupo de rock guarda una estrecha relación con
su desarrollo. Al principio todos nos vestimos como nos sentimos más
seguros, como nos solemos vestir en nuestro día a día. Más adelante
empezamos a experimentar, y eso pasa tanto con la música como con la
vestimenta. De todas formas, la vestimenta es algo que siempre transmite, así que merece la pena tenerla en cuenta. Es parte del lenguaje no
verbal de cualquier grupo. En el caso anterior, **Amaral** da una imagen
de normalidad, como la podía dar **Cristina Llanos**, vocalista del grupo
español **Dover**. Es, por ejemplo, todo lo contrario a **Amy Winehouse**,
que también tenía un estilo personal pero más exagerado. En definitiva,
os vistáis como os vistáis, recordad que las prendas de ropa siempre
transmiten y que es un factor más del cual sacar partido si así lo deseáis,
tanto si es para expresar normalidad como un toque sofisticado, transgresor o camaleónico.

Prepararse emocionalmente

El día antes del concierto todo el mundo tiene que **dormir bien**. Esta es la máxima de la preparación emocional el día antes, cosa que no se suele cumplir. Es normal estar nervioso y es normal tener los ojos como dos bombillas a la hora de meterse en la cama, pero es necesario hacer un esfuerzo para descansar. Esto es tal vez lo más importante del día anterior. Intentad realizar alguna tarea que os distraiga y que os guste para llegar relajados al momento crucial. Si ensayáis y no os va bien, no os preocupéis, es fruto de los nervios. De hecho, algunos manuales sugieren no ensayar ni el mismo día ni el día anterior.

El youtuber **Pituquete** tiene un vídeo en su canal muy interesante sobre cómo superar el pánico escénico en 13 sencillos consejos. Se explica de una manera muy honesta y auténtica. Lo puedes encontrar aquí:

Lo puedes buscar en Youtube bajo el nombre: «¿Cómo logré DISFRUTAR tocando frente a otros? 13 formas de superar el pánico escénico»

Haced toda la publicidad posible

En el momento en el que os dicen «sí» a vuestra proposición tenéis que empezar a trabajar en una estrategia de publicidad para que todo el mundo se entere de vuestro espectáculo. Usad todas las herramientas que estén a vuestro alcance, tanto la transmisión oral por el **boca a boca** (pedidles a vuestros amigos y familiares que corran la voz) como la proyección que podáis conseguir a través de las **redes sociales**. Publicidad en todas ellas vuestro concierto con alguna fotografía o vídeo (el material audiovisual siempre estira más) y aseguraos de crear también un evento en Facebook.

Si hacéis el concierto en un local de titularidad pública, pedidle a la institución en cuestión que os ayude con la publicidad. Algunas administraciones os pueden echar una mano para diseñar y **colgar carteles**, que también es una opción más que viable. Al fin y al cabo, nos dirigimos a la gente de la calle, personas como nosotros que aún no tienen un plan este sábado y que podrían pasarlo viéndonos en concierto. La ciudad entera tiene que estar empapelada, podéis hacer una cuenta atrás en redes sociales y publicar una foto cada día generando expectación y hasta poner una paradita de vuestro grupo en la plaza mayor del pueblo, repartir *flyers* o papeles anunciando vuestro concierto en algún lugar público (a ser posible, llamando la atención de todo el que pase) o invitar a todas las personas de vuestro curso de estudios. Los **medios de comunicación** también pueden ser de gran ayuda, pero esta es una opción que dejaremos para más adelante, cuando tengamos un poco más de experiencia tocando en vivo. No queremos que venga un periodista y que, por los nervios, algo salga mal.

El día ha llegado

El momento de la verdad. Hemos llegado al local juntos, con todo nuestro material. Tenemos cuatro horas hasta que empiece el concierto. Nos han dejado venir mucho antes y ahora hay que asegurarse de que todo suena bien: hora de la **prueba de sonido**. Montamos la batería, con la alfombra debajo para que no resbale y colocamos los amplificadores delante de ella y detrás de donde estarán los músicos y el cantante. Sabemos dónde están los altavoces del local y hacemos pruebas de sonido hasta que nos sentimos a gusto. El cantante tiene que saber desde qué punto del escenario a qué punto puede moverse sin que se acople el micrófono. Los volúmenes tienen que estar equilibrados y todo se tiene que escuchar bien. En este punto siempre está bien llevarse un amigo o un familiar para que se sitúe en diferentes puntos de la sala y nos diga cómo nos escucha. Es crucial que nosotros también nos escuchemos a nosotros mismos, nuestros instrumentos y los de los demás. Pedidle ayuda a la persona encargada del local, ella conoce mejor que nadie la acústica de la sala y os puede asesorar sobre cómo y dónde colocar los amplificadores. A veces la batería resuena mucho por el tipo de paredes que hay, así que podéis usar la manta y meterla en el bombo para que suene un poco más apagado. Después de todo... estamos listos. Nos oímos bien, dejamos los instrumentos en su sitio, bien afinados, con los amplificadores apagados y todo listo para subirnos al escenario en un par de horas y hacer un poco de rock'n'roll para la gente.

Durante el concierto

Aquí es donde las glándulas sudoríparas empiezan a trabajar a toda velocidad. Ay, que el local se está llenando. Ay, que hay mucha gente (haya la gente que haya, siempre es «mucha» al principio). Ay, ¿está todo bien colocado?. Los nervios empiezan a golpearnos la barriga y el pecho y algunos músicos entran en el estado de negación: «No, no, qué va, madre mía, esto va a salir fatal, no quiero, no quiero, ¿lo cancelamos?». Llega la hora y parece que el suelo se mueve. Subimos al escenario, cogemos nuestros instrumentos, miramos que todo esté bien afinado, nos tiemblan las manos, nos suda el cuello... pero es hora de empezar.

Saludar a la audiencia

Las personas que han venido a vernos ya saben quiénes somos: son amigos y familiares. Algún que otro desconocido habrá, y hoy es nuestro trabajo impresionarlos. Que se vayan de aquí con ganas de más, con ganas de haber visto algo que merece ser visto otra vez. Lo primero es saludar al público, tarea que normalmente le toca al cantante, ya que es el que tiene el micrófono delante. También lo pueden hacer otros de los músicos, no es una norma escrita, ni mucho menos. Una **presentación** es siempre agradecida por parte de la audiencia, porque le permite saber algo de vosotros antes de empezar. Es una muestra de consideración que además rompe un poco el hielo. También hay muchos grupos que empiezan su concierto directamente, sin decir nada, y se presentan al cabo de una o dos canciones. Esto también lo podéis hacer si tenéis algún tema inicial que sea potente. Normalmente, presentarse primero también os ayuda a vosotros a tener un momento de pausa y confianza antes de enfrentaros al espectáculo.

Roger Hodgson (Supertramp) en concierto

El primer tema y la conexión entre canciones

Esta es una consideración que tenéis que trabajar también antes del concierto: cómo ligar las canciones entre sí. Hay temas que, tocados uno detrás de otro sin pausa, suenan con más cuerpo y más contundencia. Además, a la audiencia le parecerá una canción un poco más larga, no dos canciones unidas. Estas cosas se suelen tener en cuenta si tenéis canciones que son muy cortas y queréis que el público se anime un poco más a la hora de bailar. Tened en cuenta, por otra parte, que cada vez que acabéis una canción os van a aplaudir, así que el cantante puede dar las gracias. Siempre queda bien.

Tened en cuenta este consejo, porque os puede ir muy bien: empezad el concierto con una canción impactante, enérgica, movida. Es mejor comenzar el concierto por arriba e ir bajando. ¿Qué significa esto? Ofrecer una canción que despierte a la audiencia al principio y después ir bajando, pero con una pequeña modificación: después hay que volver a subir. Lo que más se suele recomendar es que el concierto tenga forma de ola invertida. Se trataría de algo así:

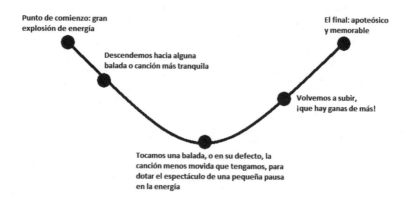

Punto de comienzo: gran
explosión de energía

El final: apoteósico
y memorable

Descendemos hacia alguna
balada o canción más tranquila

Volvemos a subir,
¡que hay ganas de más!

Tocamos una balada, o en su defecto, la
canción menos movida que tengamos, para
dotar el espectáculo de una pequeña pausa
en la energía

Un concierto tiene que empezar con un BOOM, una explosión de energía que avise al público de que esto empieza con fuerza. Hay una intención detrás de todo esto, y es que al principio la gente tendrá ciertas **expectativas que tenemos que cumplir.** Está claro que un grupo de rock también hace baladas, pero uno de los factores más significativos de los grupos de rock es la energía, el poder, la locura. Un concierto de rock, por regla general, es desmadre, es romper con las reglas, y a eso han venido nuestros amigos. Vamos a dejarles con la boca abierta de la mejor manera posible: empezando con una de las mejores canciones que tengamos.

Más adelante tendremos oportunidad de ir bajando la intensidad, por así decirlo, y acercarnos a la canción más lenta o más floja que tengamos, para volver a subir. Es importante empezar y acabar con una buena inyección de energía. Ya lo hemos hablado muchas veces: la primera impresión es muy importante. Si ofrecemos una primera impresión muy positiva, el resto viene rodado, y si el final también es apoteósico, la gente se irá muy contenta de nuestro concierto.

La interacción con el público

La interacción con el público es probablemente uno de los factores más significativos de todo el concierto. Un público al que no se le interpela es un público que no participa, y un público que no participa termina siendo un público aburrido. Está claro que si eres **Meshuggah** o

Avenged Sevenfold no necesitarás animar mucho a tu público, porque ya viene animado de por sí. Los conciertos de algunos grupos muy conocidos no sirven de ejemplo, ya que tienen ganados a sus espectadores hace largo tiempo y son ellos mismos los que toman la iniciativa a la hora de alegrar o amenizar un concierto. Son los propios fans los que hacen que un gran concierto o festival sea lo que es, pero para llegar hasta ahí necesitamos empezar por salas pequeñas, donde probablemente no nos conozca nadie más allá de nuestros allegados.

> Un público al que no se interpela es un público que no participa, y un público que no participa termina siendo un público aburrido. La interacción con los asistentes es lo que marcará la diferencia entre otro grupo cualquiera y nosotros.

A continuación tienes una serie de interesantes consejos para interaccionar con el público, además de los errores más comunes en los conciertos y cómo enmendarlos al instante:

En vez de...	Es mejor...
Mirar hacia el suelo o hacia el infinito y más allá con vergüenza.	Mirar directamente a los ojos del público, ir buscando diferentes caras y pensar que estamos tocando la música para la persona que nos mira.
Quedarnos quietos como un mueble en nuestro pequeño cuadrado de seguridad.	Moverse por el escenario, aunque sea pequeño, y mover el cuerpo al ritmo de la canción
Tener una expresión seria, perdida o concentrada permanentemente.	Que dé la sensación de que os lo estáis pasando en grande y que realmente disfrutáis de vuestra música.
No hacer nada cuando los otros instrumentos hacen un solo, cobran notoriedad o no es nuestro turno de tocar nuestro instrumento.	Acercarse al instrumento que está haciendo el solo, hacer muecas, ir al lado del público y mirarlo como si fuera un espectador más.

No hablar nunca con el público y tratarlo como si no estuviera ahí.	Hacer que el público forme parte del espectáculo: animarlo a cantar, contarle una historia, hacer bromas, hacerle una pregunta, etc.
No contar nada sobre vosotros.	Hacer que el público os conozca contando una pequeña parte de la historia de cómo os conocisteis. Seguro que hay alguna anécdota que puede gustar.
Dejar que el silencio cale entre canciones.	Aprovechar que estáis revisando la afinación o colocando bien un cable para entablar conversación con la audiencia.

El público tiene que sentir que estáis ahí para él, no que él está ahí para vosotros. Tiene que tratarse de una relación, no de una conversación unidireccional. Vosotros no estáis tocando para que os miren y os oigan, sino para que disfruten con vosotros y con la música que estáis haciendo. Vuestra actitud tiene que ser tan relevante como vuestra música o incluso mucho más. Si por un casual vuestras canciones no les gustan, al menos se llevarán un buen recuerdo del concierto porque fuisteis muy enérgicos, simpáticos y atentos.

Axl Rose, de los Guns N' Roses, posando y bailando para el público

Lo importante es disfrutar

Este primer concierto que vais a ofrecer se instalará en vuestros recuerdos para siempre. Algún día os preguntarán «¿dónde fue vuestro primer concierto?» y os vendrá una imagen a la cabeza, que esperemos, sea buena. Este recuerdo es importante y lo mejor que podéis hacer para llevaros buenas sensaciones es pasarlo lo mejor posible. Tenéis que disfrutar al máximo: con las personas, con vuestros compañeros, con la música que hacéis. Tenéis que sudar, sentiros vulnerables, ofrecer lo mejor de vosotros. Ese es el mejor recuerdo que os podéis llevar para la posteridad.

La despedida

Nunca es buena hora para despedirse. De hecho, lo más probable es que os parezca que el tiempo ha pasado demasiado rápido sin daros cuenta, pero ha llegado el momento. Después del último cañonazo de canción, no os olvidéis de dejar preparado algún bis por si el público os pide más. Tendríais que intentar acabar el concierto un poco antes del tiempo que os ha establecido el dueño para poder recoger con tranquilidad o poder atender la petición de un bis, que siempre queda bien. El público no lo sabe, pero vosotros tenéis canciones en la recámara por si os las piden. En caso de que lo hagan, podríais entablar una conversación para que parezca que lo estáis discutiendo, que no sabéis muy bien qué canción hacer. Después, sorprendéis al público con una canción que os saldrá igual de impecable.

Las sorpresas son bien recibidas en los conciertos, y más si es el primero. Si dejáis buen sabor de boca a los asistentes, volverán. Recordad dar las gracias y mencionar vuestras redes sociales a través del micrófono para que cualquier persona que quiera mantener el contacto con vosotros lo pueda hacer de alguna manera. Además, también os interesa a vosotros para ir aumentando la base de fans en vuestras redes sociales. Pedid también que, si habéis gustado, os recomienden a algún otro local para que se interesen por vosotros. Todo esfuerzo será poco, así que ¡a por todas!

Después del concierto

Menuda experiencia, ¿a que sí? Después del concierto la dopamina aún resuena y se deja notar por todo nuestro cuerpo. Estamos eufóricos, contentos y preparados para el siguiente concierto, con ganas de empezar a planificar y pensar dónde podemos tocar la próxima vez. Ha sido un cúmulo de emociones imposible de explicar y... vale, sí sí, hay que bajarse del escenario. Recogemos los instrumentos y los guardamos en algún lugar donde los podamos vigilar (en el local tal vez hay algún armario o habitación segura) y lo más grande lo llevamos al coche. Si hacéis el concierto en un local privado, lo más normal es que después de vuestra actuación pongan música. En ese caso, podéis recoger las cosas más fáciles (instrumentos, cables y demás) y dejar la batería montada mientras recibís los elogios y agradecéis al público su presencia. De todas formas, hagáis el concierto donde lo hagáis, no perdáis de vista vuestro material ni dejéis los instrumentos visibles dentro de cualquier medio de transporte.

⭢ Dejad que el público os felicite, os lo merecéis. Tomad algo con las personas que queden después, preguntadles por sus sensaciones, cómo lo han vivido desde su posición, si les ha gustado. Podéis aprender mucho preguntando a la audiencia.

Si habéis gustado, el público se encargará de hacéroslo saber. Aseguraos de recibir todo el *feedback* (reacciones, opiniones) posible. Sería muy positivo saber cómo lo ha vivido el público desde su posición, saber si han tenido las mismas sensaciones que vosotros, si se lo ha pasado bien. Todas las opiniones que recojáis os serán útiles, incluso las más críticas. Sed honestos y respetuosos hasta con las opiniones que no os gusten. Los músicos tenemos que saber encajar críticas durante toda nuestra carrera, y si somos lo suficientemente sabios para escuchar, seremos mejores aún para rectificar a tiempo. A partir de aquí, todo tiene que ir cuesta abajo. Habéis pasado lo peor y lo mejor: los nervios y la ilusión del primer concierto. Ahora ya sabéis qué se siente, qué tenéis que mejorar, qué podéis mantener igual.

Grabad el concierto y subidlo a redes

Si habéis podido conseguir que alguien os grabe, mucho mejor, porque así podréis veros desde la perspectiva del público. Además os servirá para hacer un buen vídeo para vuestras redes sociales. No lo subáis todo entero, puesto que muy poca gente verá un vídeo completo de 45 minutos. Aprovechad que tenéis material de sobras para cortar vuestro concierto por canciones y, así, ir subiéndolas poco a poco.

Una buena idea es situar una cámara que tenga un buen gran angular (es decir, que tenga un ángulo de visión muy amplio) en algún lugar elevado del concierto, para que se os vea a vosotros y al público. Si la audiencia ha tenido buena reacción y eso se ve en redes, la gente que lo vea pensará, automáticamente: «mira, se lo están pasando bien, tenemos que ir a verlos». Por supuesto, no os olvidéis de **dar las gracias** en redes por lo maravilloso que fue el público ayer en vuestro concierto. A partir de este momento tendréis que ser **muy activos en redes sociales**. En esta línea tenéis tres consejos para recoger todos los frutos que habéis sembrado en vuestro concierto:

❑ Conseguid que os hagan fotos de calidad, con una buena cámara, e id subiéndolas paulatinamente a redes sociales. Guardad algunas inéditas para subirlas más adelante, cuando no tengáis contenido o cuando tengáis que anunciar otro concierto.

❑ Pedid a vuestro público, cuando habléis con él después del concierto, que os sigan en redes sociales. Hacedles saber lo importante que es para vosotros y la gran labor que estarían haciendo si apoyaran la música de artistas locales.

❑ Si al local le ha gustado vuestro concierto, pedidle que os escriba un pequeño párrafo de recomendación. Lo podréis poner en vuestro porfolio y ya es una primera opinión positiva para vosotros que otros locales pueden tener en cuenta.

↪ Aseguraos de recibir el máximo de críticas posibles, solo así conseguiréis mejorar. Usad todo el material audiovisual (fotos, vídeos y audio) que tengáis de vuestro concierto para subirlo paulatinamente a las redes. ¡Que la estela y las buenas sensaciones duren unas semanas en redes sociales hasta repetir de nuevo!

EL DESPEGUE

DEL GARAJE AL MUNDO

Apuntar más alto es posible: cómo salir de nuestra localidad o ciudad y dar el salto a la esfera internacional

⮕ Es hora de que vuestra música sobrepase los límites físicos de vuestra zona, hora de que llegue a más personas de otras ciudades y hora de involucrarse más en redes sociales. Aprovechemos todas las oportunidades que se nos pongan por delante.

¿Y ahora qué? Habéis recorrido un largo camino para llegar hasta aquí, y el esfuerzo no ha sido en vano, porque habéis conseguido dar vuestro primer concierto y ya sabéis lo que se siente al tocar para los demás. Seguramente ha habido momentos en los que no ha sido fácil tirar hacia delante, pero lo que más importa ahora es mantenerse unidos y hacer el camino juntos, de la mano de nuestra música. En este capítulo hablaremos de cómo cobrar notoriedad más allá de los límites físicos de nuestra zona, porque lo primero que debemos hacer para que nuestras redes sociales empiecen a moverse y nos conozcan más es algo que tiene mucho sentido: tocar en todas las salas disponibles de nuestra localidad. Cuando tengáis ganas de salir fuera, ¿qué hay que hacer? Pues muy sencillo, seguir haciendo música pero con la vista puesta mucho más lejos.

Las redes sociales, nuestra música y algo más

Vuestras redes sociales tienen que ser un hervidero de publicaciones, entrevistas, fotos, opiniones, halagos, retuits, fotos profesionales, fotos no tan profesionales, vídeos graciosos, vídeos serios, apoyo a otros músicos. De todo. Hoy día, la persona que se olvida de la importancia de las redes sociales y de su proyección y capacidad para llegar a la otra punta del planeta está muerta en cuanto a visibilidad. Sí, puede haber casos locales en los que un grupo de rock tenga mucho éxito y destaque por el hecho de no tener redes sociales, todo puede ser, pero la gran inmensa mayoría no funcionan así. Los mánager y otro tipo de representantes, así como las discográficas (tanto las gigantes como las medianas e independientes) buscan cada día músicos nuevos a los que darles un empujón. Todos sabemos ya cómo funcionan las redes sociales e Internet en general. Los contenidos virales se superponen, duran unos días y después desaparecen mientras llegan otros, y así sucesivamente. Lo mismo pasa con la música. Aquel que no se reinventa, que no insiste, que no trabaja y que no hace música que valga la pena para sus seguidores se va muriendo, poco a poco, hasta que llega a desaparecer. Se queda en un recuerdo de una canción que triunfó o ni siquiera eso. Y puede no estar mal, ya hemos dicho antes que la fama absoluta no tiene por qué ser la meta final de nuestro viaje musical.

Hace unas décadas, la música rock contó con su época dorada (no sabremos si habrá más de ese calibre) y no disponía de las facilidades con las que cuentan los músicos ahora: Internet y las redes sociales. Está claro que la facilidad de darse a conocer gracias a la globalización y las redes en concreto ha cuestionado la capacidad de los grupos de hacerse ver en este mar de músicos, porque todo el mundo puede ser visible. Al final, Internet nos da una de cal y una de arena: sí, tienes muchas herramientas para que te escuchen y seas visible en todas partes, pero tus homónimos también.

Dicho esto, vamos a hacer todo lo posible para que los contenidos que subamos en redes nos den el máximo provecho posible. Si has nacido con un móvil en las manos seguro que sabes diferenciar entre buen contenido y mal contenido. Lo más importante es que publiquéis sin faltas de ortografía, con fotos y otros contenidos visuales y **que estéis al día**. Eso es lo difícil: mantener una rutina efectiva que capte la atención de nuestra audiencia a través de contenido pensado y mediante una estrategia. Todo lo que subamos a las redes sociales tiene que tener un objetivo. Puede ser el hecho de hacer reír a la audiencia, anunciar una novedad, mostrar apoyo a otros músicos y/o grupos y comentar una noticia de actualidad que nos afecte. Las redes son muy caprichosas pero justas: solo las cuentas que sean activas y compartan contenido de calidad serán las que se enseñarán al público, y esto es así siempre. Solo la publicidad pagada puede hacer que una publicación que en un principio no iba a tener más relevancia sea ahora una publicación de éxito. Y aun así, las redes, que también cuidan su publicidad, son cuidadosas con el tipo de anuncios que se hacen a través de ellas.

Con todo esto queremos decir que tenéis que sentaros los cuatro y pensar realmente qué queréis explicar a través de vuestras redes sociales. Analizad vuestros puntos fuertes y vuestros puntos débiles, y trazad una estrategia y una organización que os permita mantener las redes activas y listas para cuando el dueño de alguna sala de conciertos importante o un representante nos busque a través de ellas. Todo esto tiene un sentido, claro que sí, no se trata de publicar por publicar. Se trata de que vuestros seguidores os quieran e interactúen con vosotros. De este modo y gracias también a otros factores como la publicidad a pie de calle, el boca a boca y los nuevos seguidores que consigáis captar en los conciertos, vuestra base de público irá creciendo. Dar el salto a la esfera internacional al fin y al cabo consiste en hacer música en otras partes del mundo, lejos de vuestro lugar de nacimiento como grupo, y para conseguir eso primero tendréis que tener una base sólida de personas que os escuchen y os recomienden. Así, cuando asistáis a un festival u os contraten para tocar en otro sitio, algo más lejos, la gente ya os conocerá y el concierto tiene más probabilidades de ser un éxito.

La diferenciación: el toque personal

Todos los grupos de rock de hoy en día, que quieran prosperar un poco, tienen Facebook, Twitter o Instagram, o las tres cosas. ¿Qué es lo que os diferencia a vosotros del resto? Esta es la pregunta que os debéis hacer cada vez que habléis sobre vuestra presencia en las redes sociales. **Tenéis que averiguar qué es aquello que os hace únicos y explotarlo**. Aquí van algunos ejemplos: ¿tenéis alguien cercano que sepa de fotografía? Programad una sesión en alguna casa abandonada o en alguna otra localización que case con vuestro estilo, utilizad maquillaje y vestuario concreto y haced una sesión de fotos que os pueda servir como futura portada de CD o en redes sociales. Subid una foto única para captar la atención, y en Instagram hacedlo con los hashtags sobre música más potentes que encontréis, los que tengan más seguidores. Acto seguido, mencionad al fotógrafo (muy importante no menospreciar su trabajo y darle el crédito de la foto) y compartidla en vuestras historias. Seguid perfiles afines a los vuestros y buscad grupos locales, de vuestra zona y de un poco más allá, sin salir del país, que os ayuden a hacer contactos y que os recomienden salas en las que podéis tocar. Cuando entren en vuestro perfil y vean fotos profesionales, animadas, alegres, con muchos contenidos relacionados con la música y con comentarios que contestáis porque os importa vuestra audiencia, poco a poco empezaréis a crecer en todos los aspectos.

Las redes sociales evolucionan cada día y con ellas lo tenéis que hacer vosotros. Puede que al principio os parezca una tontería, pero a menudo se ponen de moda algunos retos en Internet, hecho que vosotros podéis aprovechar para ganar visibilidad. Podéis hacer el reto enmarcado en la escena musical, podéis mencionar a otros grupos para que se adhieran, etc. También podéis subir contenido pedagógico: si alguno de vosotros ha hecho solfeo o puede explicar algunos conceptos técnicos a la audiencia que vosotros uséis, ese también puede ser un contenido relevante. Sea como sea, recordad siempre que hay mucha gente que está haciendo exactamente lo mismo que vosotros. ¿Qué es lo que os hace ser especiales? ¿Cómo os diferenciáis de ellos?

Asistid a conciertos y compartidlo en las redes: apoyad la música en vivo

Hemos hablado ya de esta recomendación en otros capítulos: el apoyo a la música en vivo tiene que venir, primero, de vuestra parte. Si os ven asistir a conciertos en redes sociales y ven que construís un discurso de apoyo a la música en vivo, vuestros seguidores os apreciarán en mayor medida. Además, es lo justo. Si queréis que alguien os escuche y se interese por vuestra música, ¿por qué no predicamos primero nosotros con el ejemplo? Asistir a conciertos además tiene un triple beneficio para los músicos:

❏ Aprendemos técnicas, movimientos y elementos del espectáculo que más tarde podemos aplicar en nuestros conciertos.

❏ Apoyamos la escena local, sobre todo si asistimos a conciertos en nuestra localidad, además de ayudar a nuestros compañeros a conseguir más seguidores en sus redes si nosotros lo compartimos en las nuestras.

❏ Formar colaboraciones con otros grupos de rock y compartir ideas, oportunidades y opiniones.

Tocar en festivales

Ir a conciertos y sobre todo, a festivales, os ayudará a haceros una idea aproximada de lo que podéis hacer para tocar en ellos. La información que necesitáis la tenéis a vuestro alcance: los grupos que ya han tocado ahí os pueden dar alguna pista sobre cómo presentaros ante el festival como un posible grupo para el año que viene. Lo mejor que podéis hacer es hablar con los grupos medianos o pequeños de los festivales cuando bajan del escenario. Normalmente se mezclan entre el público para disfrutar del resto del festival, así que ese puede ser un buen momento para preguntar. Aunque no consigáis contactos que acaben siendo efectivos para tocar en el festival, seguro que podéis llevaros una amistad que valdrá la pena. Tened también en vuestro punto de mira las páginas web de los festivales: algunos dan instrucciones sobre qué hacer para tocar ahí. Tened en cuenta que si os vais a dirigir a festivales cuyos promotores sean internacionales necesitaréis dirigiros a ellos en inglés.

🔊 Vuestro porfolio, a estas alturas, debería estar también en inglés. Si os vais a dirigir a festivales que organizan promotoras de la esfera internacional necesitaréis dirigiros a ellas en inglés, y no solo de manera escrita, sino también verbalmente.

Si a través de contactos no surge la oportunidad de **tocar en un festival**, intentad dirigiros por escrito a los que tengan un período de presentación de bandas abierto. Con toda la información disponible en Internet, hoy día solo necesitáis mandar un e-mail si cumplís todos los requisitos. Ten en cuenta que los festivales más importantes reciben miles y miles de peticiones, así que si algún contacto te puede dar una entrevista preferente, mejor que mejor. Sabemos que esto no es fácil, por eso es tan importante tener contactos en el mundo de la música. Si no tenéis contactos, enviad vuestra solicitud igualmente.

Del concurso al festival, del festival a la esfera internacional

Concursos para premiar la mejor canción compuesta del año de la revista musical del momento, concursos de fotos graciosas de grupos de rock, concursos para tocar en un festival. Presentaos a absolutamente todo lo que se mueva. **Tenéis que estar presentes en todas partes**, os tienen que ver hasta en la sopa. Cualquier oportunidad que se os presente la tenéis que aprovechar, sin miramientos. Nunca penséis que sois demasiado jóvenes, demasiado viejos, demasiado inexpertos, demasiado poco relevantes. Todos hemos empezado por lo más bajo. Algunos lo tuvieron más fácil que otros, pero al fin y al cabo el suelo es el suelo, y de ahí hemos tenido que partir la gran mayoría. Unos pocos han conseguido llegar muy lejos, y entre las características comunes entres ellos está la de no rendirse por el camino. Un momento de flaqueza lo tiene cualquiera, pero tirar la toalla no está permitido.

Si hay un concurso para telonear a los mismísimos **AC/DC**, que siguen haciendo conciertos, pues nos presentamos. Si hay un concurso con votaciones para poder tocar en el festival más grande de nuestro país, nos presentamos. Movemos cielo y tierra en redes sociales para que nos voten, y aunque nos quedemos a las puertas ya habremos ganado seguidores por el camino. Estamos haciendo una música que la gente demanda, así que nos debemos el seguir intentándolo. Según el Anuario SGAE de las Artes Escénicas, Musicales y Audiovisuales, el 73,5% de los conciertos que se llevaron a cabo en España el año 2018 fue de música pop-rock.[7] ¡Démosle caña!

7. Anuario SGAE 2019 de 2018: anuariossgae.com/anuario2019/frames.html

➲ El contenido en redes sociales tiene que despegar como un cohete. Necesitáis vídeos de buena calidad, hablar con los medios locales y conseguir que os hagan entrevistas, innovar y tener una actitud proactiva, además de presentaros a todos los concursos y oportunidades que se os presenten.

Festivales interesantes

Cuando tengáis cierta experiencia en hacer conciertos a escala local, en bares, locales, salas de conciertos, teatros, fiestas del pueblo y demás, buscaréis dar el salto a la esfera internacional. Sin embargo, empezando por vuestro país, hay muchos festivales interesantes que deberíais tener en el punto de mira. Con un simple e-mail o a través de un contacto (siempre mejor a través de un contacto que apareciendo de la nada), podéis preguntar qué tipo de condiciones o trámites necesitáis llevar a cabo para tocar en un determinado festival. Parece una tarea fácil, ¿verdad? Sin embargo, al inicio de vuestra carrera os costará bastante más conseguir una actuación en un festival de mediana o gran envergadura, y es que no dispondréis de una experiencia sólida previa en actuar en festivales. Cuantos más conciertos tengáis a vuestras espaldas, más importantes resultaréis a ojos de aquellos que deciden si tocáis en un festival o no. Intentad, por eso, realizar el máximo de actuaciones posibles, actuaciones que deberíais grabar en vídeo para poder aportar pruebas del espectáculo y la música que estáis ofreciendo.

En el mundo de la música no existe una catapulta directa, común y eficaz que os pueda elevar a la esfera internacional. Los grupos que lo han conseguido no han seguido los mismos pasos, así que olvidad los manuales de instrucciones milagrosos. Lo que puede resultar ser una gran oportunidad para un grupo puede ser un simple concierto para otro. Hay muchas variables que se nos escapan de las manos, como la suerte o el estar en el sitio adecuado en el momento adecuado. Sin embargo, hay cosas que sí podemos controlar, y es en esos casos donde debemos actuar con decisión y mucho rock'n'roll. Lo esencial es no dejar de intentarlo y no dejar que los «no» determinen nuestro nivel de compromiso con nuestro proyecto. Si de verdad queremos dar el salto a otros países, lo más importante es saber que ahí fuera hay una oportunidad para nosotros, y que no debemos dejarla pasar. Por lo tanto, cada vez que se abra una puerta, una posibilidad de tocar en un festival, sea a través de un proceso de votaciones como una batalla de bandas, ¡nuestro deber es presentarnos!

Lista de festivales y promotoras interesantes

	Festival o promotora
España	- Actual Festival (La Rioja)
	- Sónar (Para música esencialmente electrónica. Si tocáis electro-rock os puede interesar)
	- Rock The Night
	- Festival Escena Rock
	- Leyendas Del Rock
	- Tsunami Xixón
	- MadCool
México	- Hell and Heaven Fest
	- Monterrey Metal Fest
	- Corona Capital Guadalajara
Argentina	- Festival Rock en Baradero
	- Natural Sound Festival
	- Cosquín Rock
	- C-PIK Mar del Plata
Brasil	- Lollapalooza
Chile	- LerockFest
	- Viña del Mar (música latina pero a veces pisan los escenarios algunos grupos de rock)
	- Parchela Rock Fest
Colombia	- Día de Rock Colombia
	- Jamming Festival (enfocado al reggae y al ska)
	- Estéreo Picnic
Venezuela	- Sunset Roll Festival

Internacional	- Metal Days (Eslovenia)
	- Coachella (California)
	- Rock am Ring (Alemania)
	- Isle of Wight (Reino Unido)
	- Rock In Rio (varias ciudades)
	- Hellfest (Francia)
	- Glastonbury (Reino Unido)

Estos festivales deberían estar en vuestro punto de mira. Algunos resultan más accesibles para las bandas que empiezan que otros. Dado que las condiciones pueden cambiar según los años, lo mejor es que visitéis con frecuencia sus páginas web y sus redes sociales para estar al tanto de las novedades que presenten.

La oportunidad metalera: el Wacken Open Air

Le llaman «La Meca del Metal». El festival Wacken Open Air, que coge su nombre de la pequeña zona de Alemania que lo vio nacer, es una de las catapultas más importantes de la escena europea para grupos de rock-metal y derivados que están llegando a la escena. Este festival, que al principio nació como un festival de empuje a las bandas locales, cuenta ahora con alrededor de 80.000 personas cada año, y no falla.

Normalmente se celebra el mes de agosto, dura tres completos días y es donde todos los grupos emergentes de metal y derivados aspiran a tocar algún día. Su puerta de entrada se llama «La Batalla de las Bandas» o *Metal Battle*.

Varios son los países desde los que puedes entrar en la batalla de bandas organizada

El campo de batalla del Wacken Open Air

por este festival, que no ha perdido la esencia de aquello que lo hizo crecer en sus primeros años: el impulso a las bandas emergentes. Desde

Chile, Argentina, El Salvador, Costa Rica, Managua, Portugal, México y muchos países más podéis presentar vuestra candidatura para tocar en el Wacken. Las condiciones son casi siempre las mismas: no tener firmado ningún contrato con sellos discográficos, no haber ganado antes en este concurso y tocar como mínimo 30 minutos de música. Consultad aquí las condiciones para cada región:

También puedes encontrarlo en esta página web: www.metal-battle.com/ countries/. La página web oficial del Wacken Open Air es la siguiente: https://www.wacken.com/en/

Cómo salir en los medios de comunicación

Conseguir que os entrevisten u os hagan un reportaje dedicado en los medios de comunicación es más fácil de lo que parece. Muchas personas sin formación periodística ven la prensa, la radio y la televisión como entidades lejanas e inalcanzables, medios donde podemos consultar noticias y mantenernos al día, pero poca cosa más. De hecho, los medios de comunicación esconden una verdad muy distinta, y es que a veces se mueren por tener una buena noticia entre sus manos. Literalmente. La prensa, que cada vez se traslada más al ámbito digital porque el papel cada vez le repercute menos beneficios, necesita contar cada día más con contenido atractivo, que atraiga al lector, y muchas veces eso se traduce en la elaboración de contenido poco relevante escondido tras un titular que consigue que accedas a su página. La precariedad en las condiciones laborales de los periodistas y la pronta pero imparable desaparición del papel han favorecido que los periodistas cada vez investiguen menos y se dediquen más a trasladar todo lo que les llega de las agencias de comunicación y de otras fuentes oficiales que muchas veces, y por no poder llegar a todo, no se molestan en contrastar. Esta prostitución del oficio y el cambio en la manera de informarse de la ciudadanía (cada vez más personas se informan a través de las redes sociales y los portales web) ha propiciado la consiguiente precarización no tan solo de la profesión, sino del derecho a la información de los ciudadanos y ciudadanas. Esto es terrorífico, y ha supuesto que muchos periodistas se vean abocados a trabajar para medios de comunicación que no se esfuerzan en trabajar de una manera ética, sino partidista y bajo una agenda propia. La profesión periodística se ve ahogada también por la velocidad a la que transcurren las cosas hoy en día y por lo fácil que resulta informarse por las redes sociales. Muchas veces parece que para saber qué está pasando no necesitamos acudir a los medios, sino a las redes. Las condiciones de trabajo de los periodistas son altamente mejorables, no tienen tiempo ni plantilla para investigar, por lo que se ven abocados a la información fácil, como hemos dicho: agencias de comunicación y notas de prensa ya hechas. Esto hace que la información en los medios sea casi la misma en todos ellos, hecho que hace que cada vez haya más competencia por encontrar una noticia diferenciada. Es un pez que se muerde la cola, algo muy perjudicial tanto para los periodistas como para la sociedad en su conjunto. Sin embargo, sí que hay algo bueno que podemos sacar de todo esto, y es que tenemos muchas posibilidades de que los medios locales nos escuchen cuando les llamemos.

El día que saquemos una maqueta puede ser un buen día para descolgar el teléfono. Para las secciones de cultura y espectáculos, nuestra noticia es perfecta. Si llamamos a un periódico y les explicamos que somos un grupo local (esto lo podéis decir todas las veces que queráis, porque al fin y al cabo es lo importante) y hemos sacado nuestra primera maqueta, seguramente les interese hacernos una entrevista. No tengáis miedo de llamar ni de pedirle a un amigo periodista que os haga un esbozo de nota de prensa, con su titular, subtítulo, una foto y el texto, para poder enviar en caso de que haga falta. Al fin y al cabo es como enviarles una noticia ya hecha. Tampoco tengáis miedo de invitar a los periodistas a vuestros conciertos. Y, definitivamente, si actuáis en un festival (aunque sea pequeño) de una ciudad concreta, dirigíos a los medios y presentaos como un grupo que ha empezado hace poco y que está teniendo relativo éxito. Si explicáis bien vuestra historia, dejáis claro que tenéis mucha ilusión, muchas ganas, mostráis una actitud receptiva y pisáis con fuerza, seguro que querrán saber más de vosotros. Hay varias maneras de aproximarse a los periodistas que trabajan en los medios de comunicación. Primero de todo, si contamos con algún contacto tenemos que usarlo. Los periodistas suelen respetar y escuchar a sus contactos, y si les decimos que venimos de parte de alguien ellos sabrán que somos de fiar. Y si no, es tan fácil como descolgar el teléfono y decir: «Somos un grupo nuevo de música que está entrando con mucha fuerza en la escena del rock, somos de aquí y hemos pensado que tal vez os podríamos enseñar cómo tocamos, por si queréis hacernos una entrevista, venir a algún concierto nuestro o escuchar nuestra maqueta». Ellos consiguen una entrevista nueva, que no tienen otros medios, y vosotros conseguís visibilidad. Es un buen trato, ¿verdad?

Sacadle el máximo partido a los conciertos

YouTubeLive, Instagram Live. ¿Te suenan? Son dos plataformas muy potentes de **difusión de contenidos en directo**. Permiten a los usuarios conectados comentar lo que están viendo y participar de una manera más activa. Hay muchas cosas que podéis hacer con ellas: ¿por qué no retransmitís alguna vez vuestro ensayo en directo? Ofreceréis así una visión más personal a vuestra audiencia, acostumbrada a otro tipo de contenido. Instagram lo podéis usar un día para que os hagan preguntas en directo, por ejemplo. De todas formas, no abuséis de este tipo de contenido: aunque sea más cercano y humano, es fácil que se convierta en algo repetitivo y poco interesante, porque ya no será una novedad.

El ejemplo que hemos comentado antes lo podemos poner en práctica de una manera interesante sin que se vuelva excesivamente rutinaria: podríamos retransmitir nuestro ensayo una vez al mes. Podéis convertirlo en un evento importante haciendo algún tipo de prueba, concurso o sorteo, siempre con algún tipo de sorpresa que estimule a la audiencia. Esto puede ser muy potente si vuestro batería tiene mucha labia con el público, por ejemplo. Si generáis un buen recuerdo y una buena experiencia, vuestros seguidores volverán al mes siguiente. Esto solo es un ejemplo, vosotros sois los que tenéis que analizar vuestras fortalezas e identificar con qué tipo de contenido podéis enamorar a vuestra audiencia. Seguro que hay algo que os hace únicos y que podéis explotar a vuestro favor de una manera interesante.

Manteneos actualizados en el mundo de la tecnología y el conocimiento musical

No dejéis nunca de aprender y de informaros, en todos los aspectos que os puedan interesar: nuevas tecnologías, maneras de conectar con la audiencia, solfeo, conocimientos musicales, etc. Cursad estudios reglados o avanzados y aseguraos de estar siempre al día en lo que a nuevas tecnologías se refiere. Si surge una nueva red social de la que todo el mundo habla, visitadla y estudiad cómo la podéis usar a vuestro favor. Si hay un reto mundial que circula por Internet, intentad haceros virales con vuestra versión. Tenéis que permanecer atentos, estar al día y no dejar de aprender nunca. En ese sentido, hasta os podéis editar vuestros discos por el camino. No tenéis por qué firmar con ninguna compañía discográfica y ceder ante su manera de hacer las cosas (que no tiene por qué ser errónea), sino que podéis aprender vosotros mismos a producir vuestra propia música y sacar partido de ello. Cuando veáis que necesitáis ayuda siempre podéis contactar con una **discográfica independiente de vuestro estilo, donde vosotros encajéis**. Investigad las discográficas independientes que existan en vuestro país y dirigíos a ellas con vuestro proyecto musical. Al principio, siempre resultarán más accesibles para grupos emergentes como vosotros y contarán, por supuesto, con un *target* o público con unos gustos muy específicos, de los que vosotros podréis sacar partido.

➲ Acercarse a una discográfica gigante puede resultar muy difícil, y más si vuestro recorrido en el mundo de la música es limitado. En este momento, las discográficas independientes de vuestro estilo pueden resultar ser el mejor sitio para empezar.

Invertid en equipo

Quien algo quiere, algo le cuesta. Sonar bien es muy importante, y si queréis empezar a hacer conciertos de mediana escala y presentaros a concursos para tocar en festivales, siempre es buena idea invertir un poco de dinero en mejorar vuestro equipo. Sonaréis mejor y de manera más limpia, también más potente, de forma que os podréis dirigir a salas de conciertos de mayor envergadura y ofrecer vuestro equipo si la sala así lo demanda.

Plataformas de distribución

Si conseguís grabar una maqueta en condiciones, las plataformas de distribución de música como Spotify, iTunes o Amazon Music pueden ser vuestro punto de partida para conseguir que vuestra música viaje a otros países. Tened en cuenta que Spotify cuenta a fecha de 30 de septiembre de 2019 con 248 millones de usuarios activos al mes[8]. Eso son muchos oyentes, más teniendo en cuenta que este número no deja de crecer. El futuro de la música se encuentra hoy en día en las plataformas de distribución, librerías adaptadas a cada usuario de manera personalizada y única. Las posibilidades que ofrecen las plataformas de distribución son infinitas, será en los próximos años cuando veamos la deriva que toman, pero, sea cual sea, lo mejor será tener presencia en ellas.

Empresas de contratación y promoción de músicos

Imaginad un catálogo de grupos de música y otros espectáculos donde poder elegir el show perfecto para un evento de grandes dimensiones, la fiesta de cumpleaños más grande de la historia o las fiestas patronales de la zona. Bien, ¡pues eso ya existe! Estos portales tienen como objetivo poner en contacto a artistas y grupos con personas que necesitan un espectáculo. Aunque están enfocadas a todo de tipo de eventos, estos portales los usan músicos y grupos de pequeña y mediana proyección, ya que los músicos «importantes», por así decirlo, ya cuentan con cierta demanda. Los organizadores de eventos y los particulares usan estos portales para encontrar la actuación perfecta para su evento, que a veces

8. Datos oficiales de Spotify: newsroom.spotify.com/company-info/

puede resultar ser una oportunidad excelente para darnos a conocer. Si gustamos recibiremos comentarios y valoraciones positivas en el portal, hecho que nos puede ayudar a cobrar notoriedad. Echad un vistazo al portal lafactoriadelshow.com, con alcance territorial en España y a tutoque.co, de Colombia:

Inicio del portal La Factoría del Show

Inicio del portal tutoque.co

El número de músicos y grupos varía dependiendo de la zona, puesto que en las grandes ciudades la escena musical está más activa. Estas páginas constituyen una buena oportunidad para empezar, y si sois buenos escalaréis rápido y cada vez tocaréis en eventos de mayor importancia. Para buscar un portal que trabaje con músicos de vuestra zona, buscad en Internet «promoción y contratación de artistas» con el nombre de vuestra ciudad o país y valorad apuntaros a una de ellas. Por ejemplo, una de las más importantes de Barcelona, España, es Espectalium[9]. Este también es un buen momento para consultar con un abogado a la hora de firmar un contrato con estos portales, porque es posible que os pidan exclusividad. Recordad leer la letra pequeña de los documentos que os presenten y de tener siempre en mente vuestros propios intereses.

Haz música y disfruta

Tu grupo de música se formó con una sola intención que después ha ido derivando según los intereses de los miembros del grupo: disfrutar de la música. Mientras esto siga intacto, elijáis el camino que elijáis, todo se sentirá bien. Esto lo hemos dicho muchas veces, pero disfrutar de la música es algo imprescindible en vuestro viaje como grupo, porque es, al fin y al cabo, lo que os mantiene unidos. Pensad siempre que, diga lo que diga el mercado y dejando de lado el éxito monetario y la fama que consigáis, vosotros ya sois estrellas. No necesitáis que ninguna discográfica ni ninguna revista musical de gran proyección os lo diga. La música es mucho más que dinero y fama, pero eso ya lo sabes.

Todos los consejos que se ofrecen en este capítulo son fáciles de seguir y van muy en la línea del sentido común: si somos activos en redes sociales y nos mantenemos vivos haciendo música y ofreciendo conciertos (en definitiva, si nos esforzamos), seguramente recibiremos resultados provechosos. De todos modos, si eso no llegara a pasar, que es una posibilidad, intentad animar a vuestros compañeros y seguid haciendo música. Muchas veces nuestro objetivo de ser súper conocidos no termina de materializarse, y es normal que nos desanimemos. Lo que no hemos pensado es que tal vez ese no es el objetivo que debamos perseguir ahora mismo. Estar orgullosos de nuestra música, sentirnos más vivos cuando la tocamos y poder disfrutar de ella con nuestros amigos y familiares es una sensación digna de ser llamada «meta». Como dice Antonio Machado: «Caminante, no hay camino. Se hace camino al andar», y es que las aventuras y sensaciones que podáis con-

9. Contratación de artistas y famosos en Barcelona: www.espectalium.com

tar y sentir gracias a este proyecto tan bonito que estáis compartiendo ya es algo por lo que merece la pena seguir adelante. Disfrutad de vuestra música el máximo posible y haced que los demás disfruten con vosotros. Como veis, hay mucho trabajo por hacer, y en algunos momentos os tendréis que esforzar mucho. Nadie dijo que sería fácil, sino que merecería la pena.

APÉNDICE

RECURSOS *ONLINE*

▷ **APPS**

- Soundcorset
- Metronome Beats
- Instrument Tuner
- WalkBand
- BandLab

▷ **CANALES DE YOUTUBE**

- ZebenDrums
- Jaime Altozano
- Baterísticos
- ChachiGuitar
- ChordHouse

▷ **LEGAL**

- sympathyforthelawyer.com

▷ **PÁGINAS WEB**

- www.lafactoriadelshow.com
- thomann.de/blog/es
- www.promocionmusical.es

- lacarnemagazine.com/opciones-para-facturar-un-concierto/
- www.thomann.de/blog/en/how-to-pimp-your-practice-room/
- espectalium.com
- instagram.com/m.consent
- tutoque.co

▷ **PARA CREAR CARTELES**

- canva.com
- befunky.com
- crello.com
- fabricadecarteles.com
- fotojet.com

▷ **RECURSOS**

- metronomo.fullpartituras.com/es
- tuner-online.com/es

BIBLIOGRAFÍA

Ramis, Aina. *Produce y distribuye tu música online.* Redbook Ediciones. Barcelona, 2019

Assante, Ernesto, *Leyendas del Rock.* Blume, 2014.

Monteagudo, Susana. *It's Only Rock and Roll*, Lunwerg Ediciones, 2018.

Navarro Villegas, Julio César, *Archivos legendarios del rock: anécdotas rockeras*, CreateSpace Independent Publishing Platform, 2017.

Roberts, David. *Crónicas del rock*, Lunwerg Editores, 2013.

Svenonius, Ian. *Estrategias sobrenaturales para montar un grupo de rock*, Blackie Books, 2014.

VV.AA. *Música, la historia visual definitiva.* DK, 2014.

Algunos títulos de la colección *Taller de música:*

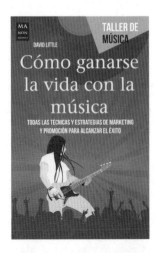

Todos los títulos de la colección *Taller de:*

Taller de música:
Cómo leer música - Harry y Michael Baxter
Lo esencial del lenguaje musical - Daniel Berrueta y Laura Miranda
Apps para músicos – Jame Day
Entrenamiento mental para músicos – Rafael García
Técnica Alexander para músicos – Rafael García
Cómo preparar con éxito un concierto o audición – Rafael García
Las claves del aprendizaje musical - Rafael García
Técnicas maestras de piano - Steward Gordon
El Lenguaje musical - Josep Jofré i Fradera
Home Studio - cómo grabar tu propia música y vídeo – David Little
Cómo componer canciones – David Little
Cómo ganarse la vida con la música – David Little
El Aprendizaje de los instrumentos de viento madera – Juan Mari Ruiz
La técnica instrumental aplicada a la pedagogía – Juan Mari Ruiz
Cómo potenciar la inteligencia de los niños con la música – Joan María Martí
Cómo desarrollar el oído musical – Joan María Martí
Ser músico y disfrutar de la vida – Joan María Martí
Aprendizaje musical para niños - Joan María Martí
Aprende a improvisar al piano - Agustín Manuel Martínez
Mejore su técnica de piano – John Meffen
Musicoterapia - Gabriel Pereyra
Cómo vivir sin dolor si eres músico – Ana Velázquez
El artista sin dolor - Ana Velázquez
Guía práctica para cantar en un coro – Isabel Villagar
Guía práctica para cantar – Isabel Villagar
Cómo enseñar a cantar a niños y adolescentes - Isabel Villagar
Pedagogía práctica de la Guitarra - José Manuel González
Produce y distribuye tu música online - Aina Ramis

Taller de teatro:
La Expresión corporal - Jacques Choque
La Práctica de los monólogos cómicos – Gabriel Córdoba
El arte de los monólogos cómicos – Gabriel Córdoba
Guía práctica de ilusionismo – Hausson
Cómo montar un espectáculo teatral – Miguel Casamajor y Mercè Sarrias
Manual del actor – Andrés Vicente

Taller de teatro/música:
El Miedo escénico – Anna Cester

Taller de cine:
Producción de cine digital – Arnau Quiles y Isidre Montreal
Nuevos formatos de cine digital - Arnau Quiles

Taller de comunicación:
Hazlo con tu Smartphone – Gabriel Jaraba
Periodismo en internet – Gabriel Jaraba
Youtuber – Gabriel Jaraba

Taller de escritura:
Cómo escribir el guion que necesitas – Miguel Casamajor y Mercè Sarrias
El scritor sin fronteras – Mariano Vázquez Alonso
La novela corta y el relato breve – Mariano Vázquez Alonso